铁道安全

安全生产月活动专辑

中国国家铁路集团有限公司安全监督管理局
中 国 铁 道 学 会 安 全 委 员 会

中国铁道出版社有限公司

2024 年 · 北 京

编辑委员会

主　编

王保国

副主编

焦文根　孙汉武

委　员

（按姓氏笔画排序）

马德亮　冯阳丽　刘明军　杨振铎
张　武　张　磊　陈　鲁　金　辉
周少喻　单保华　侯茂锐　谢赞德
蔡大耿　熊安春

通信地址：北京市海淀区复兴路10号（100844）
中国铁道学会安全委员会
征　　订：（路电）（021）64009
发　　行：（路电）（021）64518
编　　辑：（市电）（010）51864538
信　　箱：Tdaq1990@vip.sohu.com

图书在版编目（CIP）数据

铁道安全 ：安全生产月活动专辑 / 中国国家铁路集团有限公司安全监督管理局，中国铁道学会安全委员会编著. -- 北京 ：中国铁道出版社有限公司，2024. 6.
ISBN 978-7-113-31377-7

Ⅰ. U2-53

中国国家版本馆CIP数据核字第20243UN065号

书　　名：**铁道安全**——安全生产月活动专辑
作　　者：中国国家铁路集团有限公司安全监督管理局
中 国 铁 道 学 会 安 全 委 员 会
责任编辑：卢　笛　耿枢馨　张　彤　**电话**：（市电）（010）63583193
编辑助理：徐经纬
封面设计：尚明龙
封面摄影：周　围
责任校对：安海燕
责任印制：樊启鹏
出版发行：中国铁道出版社有限公司（100054，北京市西城区右安门西街8号）
网　　址：http://www.tdpress.com
印　　刷：北京联兴盛业印刷股份有限公司
版　　次：2024年6月第1版　2024年6月第1次印刷
开　　本：880 mm×1 230 mm 1/16　印张：9.75　字数：277千
书　　号：ISBN 978-7-113-31377-7
定　　价：20.00元

版权所有　侵权必究

凡购买铁道版图书，如有印制质量问题，请与本社读者服务部联系调换。
联系电话：（010）51873174，路电（021）73174
打击盗版举报电话：（010）63549461

卷首语

常抓不懈　久久为功　以高水平安全保障高质量发展

夏始春余，叶嫩花初，又是一个生机盎然的6月，我们也如期迎来了第23个全国“安全生产月”。今年“安全生产月”的主题是：“人人讲安全、个个会应急——畅通生命通道”。按照《国务院安委会办公室　应急管理部关于开展2024年全国“安全生产月”活动的通知》要求，国铁集团统一部署，精心组织全路职工深入学习贯彻习近平总书记关于安全生产的重要论述和对铁路安全工作的重要指示批示精神，在认真总结往年经验的基础上，紧扣今年主题，深学细悟笃行，围绕教育宣传、隐患整治、应急演练、技术指导、路地协作等方面，开展了一系列形式与内涵兼具、承继与创新并蓄的活动。

今年活动成效更胜往年。国铁集团安委会特推出《铁道安全——安全生产月活动专辑》，希望客观记录本次活动中的诸多精彩瞬间，多层次展示各系统、各单位在积极开展“安全生产月”活动中取得的有益成果，全视角萃聚全路坚定贯彻落实铁路安全工作新理念新策略新方法的生动实践；同时也期待路内各单位更好地相互学习交流安全工作中的先进经验和成熟做法，博采各家之长，择其善者而鉴之，择其优者而用之，将本次“安全生产月”活动中的成果转化为防范化解铁路安全风险的实际行动，形成全路上下始终坚持增强安全意识、增进安全素质和提高安全能力的总体氛围。

党的二十大明确提出新时代新征程党的使命任务，发出以全面建设社会主义现代化国家、全面推进中华民族伟大复兴的动员令。中央有号召，铁路有行动。中国铁路人饱含工作激情，正以推动铁路高质量发展、率先实现铁路现代化为中心任务，勇当服务和支撑中国式现代化的“火车头”，为以中国式现代化全面推进强国建设、民族复兴伟业贡献铁路力量。

“六个现代化体系”中，现代化铁路安全保障体系是支撑保障铁路现代化进程的重要一环。安全无小事。铁路安全持续稳定不容有任何懈怠和丝毫疏漏，全路各系统、各单位都必须深刻意识到安全的极端重要性，坚定不移践行总体国家安全观，树牢大安全意识，夯实安全之基，以鲜明的政治态度坚定落实党中央、国务院决策部署，牢牢守住铁路安全生命线，有力保障钢铁大动脉的安全畅通和旅客生命财产安全。

新时代，我国经济社会发展取得历史性成就，发生历史性变革，转向高质量发展。对于铁路行业，不只是路网、装备和基础设施，各专业、各学科都取得了快速发展。新时代赋予中国日新月异的发展面貌，而这又对中国铁路和中国铁路的安全保障能力提出了更高的要求。作为国家安全、公共安全的重要领域，铁路安全事关生命安全、事关社会稳定、事关国家形象，铁路安全工作者们肩上的责任重大，容不得半丝马虎。

全国事故统计数据显示，6月是一年中的事故高发时期。从温度适宜的5月进入炎热多雨的6月，作业人员、设施设备都易受到影响。近几年的6月发生多起性质严重的事故，其惨痛教训仍历历在目，这警醒着我们，安全工作任何时候决不能走形式走过场，各级安全工作者必须始终保持对安全工作的敬畏和警觉，始终保持如履薄冰、如临深渊、如坐针毡的危机感，始终保持“时时放心不下”的责任感，坚持高标定位、超前防范、眼睛向下，守好安全这一政治红线和职业底线，护好安全这一推动铁路高质量发展的前提和基础。“安全生产月”在6月，但“安全生产月”不能仅停留在6月，要让每个月都成为“安全生产月”。这是我们义不容辞的责任。

安全是铁路发展的根基。以“安全生产月”活动为契机，以学思践悟为牵引，全路正以强烈的主人翁责任感促进“要我安全”向“我要安全”转变，在高质量发展和高水平安全的双轮驱动下，中国铁路的发展之路必将越走越宽广。

目　录

卷首语　常抓不懈　久久为功　以高水平安全保障高质量发展

活动方案

学习专栏

企业风采

活动视窗

应急有我

创新实践

国务院安委会办公室　应急管理部
关于开展 2024 年全国“安全生产月”活动的通知

安委办〔2024〕3 号

各省、自治区、直辖市及新疆生产建设兵团安全生产委员会，国务院安委会各成员单位，各省、自治区、直辖市应急管理厅（局），新疆生产建设兵团应急管理局，有关中央企业：

今年 6 月是第 23 个全国“安全生产月”，主题是“人人讲安全、个个会应急——畅通生命通道”，6 月 16 日为全国“安全宣传咨询日”。为组织做好 2024 年全国“安全生产月”各项工作，现就有关事项通知如下：

一、深入宣传贯彻习近平总书记关于安全生产重要论述

各地区、各有关部门和单位要组织学习习近平总书记关于安全生产重要论述和重要指示批示精神，各地安委会要以《深入学习贯彻习近平关于应急管理的重要论述》为重点，开展专题研讨、集中宣讲、辅导报告，全面领会习近平总书记关于安全生产重要论述的精髓要义，把理论学习成果转化为谋划推动工作的创新思路、务实举措、有效方法。企事业单位主要负责人要组织开展“安全生产大家谈”“班前会”“以案普法”等活动，组织观看“安全生产月”主题宣传片、《安全生产　责任在肩》警示教育片、事故警示教育片、典型案例解析片和“全民安全公开课”等，推动树牢安全发展理念。

二、组织开展畅通生命通道宣传和演练

各地区、各有关部门和单位要聚焦“畅通生命通道”这一主要内容，组织开展宣传和演练。充分利用海报、动漫、短视频等多元化形式，讲解生命通道标识的含义和识别方法、保持畅通的必要性和法律责任，通过各类新媒体平台、交通枢纽电子屏、户外楼宇大屏等多样化载体广泛传播，扩大“畅通生命通道”的宣传面、影响力。联合相关部门组织开展模拟火灾和地震等场景的应急疏散演练、线上避险逃生公开课、避险逃生知识竞答等活动，突出生命通道在避险逃生和应急救援中的关键作用，强化公众不占用、不堵塞的安全意识，宣传应急疏散知识与技能，增强公众应对突发事件的避险能力。充分运用举报奖励机制，鼓励广大群众积极举报身边，特别是“九小场所”、多业态混合生产经营场所、人员密集场所堵塞“生命通道”的安全隐患，争做公共安全的吹哨人。

三、开展“安全宣传咨询日”活动

6 月 16 日，在四川省成都市组织开展全国“安全宣传咨询日”主场活动。各地安委会和企业要结合工作实际，组织开展“安全宣传咨询日”活动，现场播放“安全生产月”活动宣传片和公益广告，围绕“人人讲

安全、个个会应急——畅通生命通道”活动主题，举行安全倡议、安全宣誓和安全文化特色文艺演出等活动，布置展板、模型或 VR 体验区，展示不同类型建筑的生命通道布局、标识，设立咨询台，由专业人员解答公众关于家庭、社区、工作场所生命通道自查、自改、报修等问题，提供个性化服务。鼓励各类安全科普宣教和体验基地免费向社会公众开放，发动安全领域专家和时代楷模、最美应急管理工作者等具有影响力的社会公众人物集中开展安全宣传。积极营造全社会关注、全民参与的良好氛围，努力提高全民安全素质和社会整体安全水平。

四、持续推进安全宣传“五进”工作

各地区、各有关部门和单位要持续推进安全宣传“五进”工作，积极参加“畅通生命通道”系列疏散逃生演练、“避险逃生训练营”短视频新媒体展播、“危急时刻之生命英雄”应急科普趣学、网络知识答题等全国性活动。组织指导企业积极培育安全文化，深入宣传贯彻安全生产治本攻坚三年行动，组织员工学好用好重大事故隐患判定标准，开展疏散逃生演练；农村要重点宣传农机、沼气、农药使用等安全知识，开展农村自建房安全科普教育，增强居民房屋安全意识；社区要开展“进门入户送安全”宣传活动，广泛发动安全网格员、物业工作人员、安全志愿者重点宣传“畅通生命通道”相关科普知识；学校要将安全教育融入日常教学，针对宿舍、教室、实验室、食堂等人员密集重点场所开展安全隐患排查、避险逃生培训和演练；家庭要学习电动自行车充电安全、储能设备安全、燃气安全和用电安全等知识，定期开展居家安全检查，熟知避险逃生路线。通过扎实推进安全宣传“五进”工作，不断提升公众风险防范、安全应急意识和自救互救能力，营造浓厚安全氛围。

各地区、各有关部门和单位要高度重视，切实强化组织领导，精心安排部署，确保活动取得实效。请各单位分别于 5 月 15 日、7 月 5 日前将 1 名联络员和活动总结报送全国“安全生产月”活动组委会办公室。

附件:（略）

国务院安委会办公室　应急管理部

2024 年 4 月 30 日

关于开展“安全生产月”系列宣教活动的通知

安组委办〔2024〕6号

各省、自治区、直辖市及新疆生产建设兵团安全生产月活动组织机构、各有关单位：

按照《国务院安委会办公室 应急管理部关于开展2024年全国“安全生产月”活动的通知》（安委办〔2024〕3号）部署，为进一步丰富安全生产月活动内容，全国安全生产月活动组委会办公室组织开展系列宣传教育活动，鼓励广大人民群众观看应急科普视频和直播，主动、自愿参与安全知识学习，推动安全宣传进企业、进农村、进社区、进学校、进家庭。有关事项通知如下：

一、开展“危急时刻之生命英雄”应急科普趣学活动

组织长期工作在一线的应急救援人员讲述“危急时刻”奋不顾身的救援故事，教授避险逃生和自救互救技能，播放趣味性较强的应急科普视频，以群众喜闻乐见的方式普及安全知识。

1. 活动时间。2024年6月1日至7月10日。

2. 活动平台和账号。快手极速版App平台的“应急科普趣学”账号。

3. 学习内容。风险辨识、应急疏散、避险逃生、自救互救等科普知识。

4. 参与方法。通过快手极速版App平台，点击右上方“搜索”图标，输入“应急趣学”“应急科普趣学”关键词，找到“应急科普趣学”账号即可观看应急救援人员科普直播和视频，学习应急科普知识。自愿领取学习徽章，收集8个学习徽章，获得学习纪念证书。可以根据学习到的知识，拍摄“同款”小视频，参与“#应急科普趣学”话题征集，分享和交流成果。

二、开展安全教育公益大课堂和公益宣讲活动

（一）在抖音App平台开展“安全教育公益大课堂”活动。面向社会广泛宣传应急科普知识，提升公众安全意识和素质。

1. 播出时间。2024年6月1日至6月30日。

2. 活动平台和账号。抖音App平台的“应急管理部宣教中心”账号。

3. 播出内容。“高层居住建筑常见火灾隐患”“AED的使用方法及心肺复苏技能”“如何应对极端自然天气灾害”“防溺水安全教育课”等课程。

（二）在快手极速版App平台开展应急安全知识公益宣讲活动。邀请应急、安全、消防等专家在线上开展应急安全公益宣讲活动，鼓励公众坚持收看，学习应急疏散和自救互救技能，提升公众避险意识和能力。

1. 播出时间。2024年6月12日至28日播出第一期，9月12日至28日播出第二期，12月12日至28日播出第三期。

2. 活动平台和账号。快手极速版 App 平台“应急管理部宣传教育中心”账号。

3. 播出内容。“如何做好安全生产隐患排查，防止重特大安全事故发生”“校园安全、城市内涝风险防控”“如何预防火灾发生，遇到火灾我们应如何正确逃生”“发生地震时应如何正确避险和自救”等课程内容。

三、开展应急安全讲座和警示教育活动

依托“安全宣教进企业服务平台”（平台可由国家应急管理宣教网链接登录），开展线上安全讲座、安全公开课等活动，宣贯安全生产治本攻坚三年行动和重大事故隐患判定标准，推动落实企业安全生产“第一责任人”法定职责和全员安全生产岗位责任，多措并举提升主要负责人、安全生产管理人员以及特种作业人员“三项岗位人员”安全素质，常态化开展应急演练，切实提升基层单位应急处置能力。以盘点生产安全事故典型案例等为内容开展警示教育，开展“以案说法”“以案示警”知识问答、技能比拼等安全生产宣传教育活动。

全国安全生产月活动组委会办公室

2024 年 5 月 20 日

国家铁路局
关于印发 2024 年“安全生产月”活动实施方案的通知

国铁安监函〔2024〕65 号

局属各单位，机关各部门：

现将《国家铁路局 2024 年“安全生产月”活动实施方案》印发给你们，请认真贯彻执行。

2024 年 5 月 13 日

国家铁路局 2024 年“安全生产月”活动实施方案

今年是全国第 23 个“安全生产月”，按照《国务院安委会办公室　应急管理部关于开展 2024 年全国“安全生产月”活动的通知》（安委办〔2024〕3 号）要求，以“人人讲安全、个个会应急——畅通生命通道”为主题，结合铁路行业实际，制定国家铁路局 2024 年“安全生产月”活动实施方案。

一、总体思路

以习近平新时代中国特色社会主义思想为指导，深入宣传贯彻党的二十大精神和习近平总书记关于安全生产重要论述，落实国务院安委会和应急管理部工作部署，坚持人民至上、生命至上，坚持统筹发展和安全，坚持安全第一、预防为主，树牢安全红线意识，以“人人讲安全、个个会应急——畅通生命通道”为重点策划活动内容，以线上线下活动相结合的形式开展“安全生产月”活动，不断提升公众安全意识、爱路护路意识和避险逃生能力，推动安全生产责任落实，推动本质安全水平大幅提升，促进铁路行业安全形势持续稳定向好。

二、组织机构

国家铁路局成立 2024 年“安全生产月”活动领导小组。由国家铁路局副局长王启铭担任组长，成员包括局综合司（外事司）、科技与法制司、安全监察司、运输监督管理司、工程监督管理司、设备监督管理司、国家铁路局直属机关党委、信息中心、安全技术中心、装备技术中心、工程质量监督中心、市场监测评价中心、机关服务中心主要负责同志。活动领导小组办公室设在国家铁路局安全技术中心。

三、时间安排

2024 年“安全生产月”活动于 6 月 1 日至 30 日在全局范围内统一开展。

四、主要活动内容

1. 开展习近平总书记关于安全生产重要论述宣贯活动。各单位、各部门要组织学习习近平总书记关于安全生产重要论述和重要指示批示精神，认真组织学习宣传贯彻安全生产十五条措施，通过专题研讨、集中宣讲、培训辅导等多种形式，强化安全生产宣贯，结合铁路汛期防洪、节假日和国家重大活动等专项监督检查，督促指导铁路企业组织开展“安全生产大家谈”“班前会”“以案普法”等活动交流学习体会，进行警示教育，推动干部职工以非常明确、非常强烈、非常坚定的态度牢固树立安全红线意识，切实把学习成果转化为推动安全发展工作实效，保障铁路运输和人民群众生命财产安全。

2. 开展多种载体安全宣传活动。组织参加线上避险逃生公开课、避险逃生知识竞答等活动，增强公众应对突发事件的避险能力。要积极采取横幅、展板和挂图等形式开展宣传活动，充分利用国家铁路局政府网站、政务微信等向干部职工发送铁路安全知识、安全生产警句等，讲好防范事故的案例，激励铁路企业职工、社会力量主动参与事故防范，宣传应急疏散知识与技能，营造浓厚的安全宣传活动氛围。国家铁路局利用政府网站“铁路安全生产月”专栏，刊载主题宣传画、宣传标语、宣传片，及时报道各单位、各部门活动动态，广泛宣传具有特色的宣教活动和好的经验做法。

3. 扎实推进铁路系统安全生产治本攻坚三年行动。落实《铁路系统安全生产治本攻坚三年行动方案（2024—2026 年）》，全面推动铁路行业安全生产治本攻坚行动的有效开展。组织专题学习，深刻领会行动方案的核心要义，准确把握行动方案目标与任务。结合铁路行业特点，充分利用各种宣传渠道，深入一线，普及铁路法律法规和安全知识，提高公众对铁路安全的认识。通过宣传安全生产典型经验做法，曝光存在的突出问题，形成良好的舆论氛围，推动自觉履行安全生产主体责任。鼓励铁路企业加强安全文化建设，建设安全科普宣传、警示教育和体验实践基地，提升员工的安全生产技能和应急处理能力，选树先进发挥示范引领作用，激发铁路企业开展安全生产工作的积极性和主动性。共同推动铁路系统安全生产治本攻坚三年行动取得实效，为铁路行业的持续健康发展提供坚实保障。

4. 深化铁路重大事故隐患专项排查整治。要结合监督检查、行政执法等日常工作，持续深入开展铁路重大事故隐患专项排查整治，加强《铁路交通重大事故隐患判定标准（试行）》《铁路建设工程生产安全重大事故隐患判定标准》宣传教育力度，指导督促铁路企业落实铁路行业风险分级管控、隐患排查治理双重预防性工作机制，深入学习本企业涉及的重大事故隐患判定标准，制定相应的检查计划方案，明确排查范围、内容和标准，按照规定定期开展自查自纠，及时发现并整改存在的安全隐患，确保自查工作的针对性和有效性。鼓励社会公众举报涉铁安全重大隐患和违法行为，提高公众对铁路安全的关注度和自我保护意识，有效防范化解铁路重大安全风险。

5. 加强推进铁路沿线安全环境治理。各地区铁路监管局加强与其他部门的沟通协调，充分发挥厅际联席会议制度统筹协调作用，坚持问题导向，督促企业、协调地方“五个聚焦”精准治理。聚焦路外伤亡管控，加强日常巡查维护管理和设备更新改造，坚决取缔非法道口和人行过道，加强铁路沿线普法宣传和安全警示教育，严厉打击破坏铁路防护设施、擅自进入铁路防护网等违法行为。聚焦道口安全整治，加大道口“拆、并、改”推进力度，加强道口安全管理，强化物防技防保障，推进重点繁忙道口加装交通信号灯及交通技术监控设备。聚焦公水铁交会并行地段防护，加强上跨铁路桥梁、铁跨公桥梁和跨航道桥梁防护管理，加大公铁并行地段排查整治，压实管养责任，积极在铁路桥梁运营单位开展防范船舶碰撞铁路桥梁警示教育，督促加大检查巡查力度，协调地方相关单位净化桥梁防护水域，提高从业人员安全意识，保障铁路桥梁安全运行。

聚焦侵限问题，加大铁路沿线轻硬质飘浮物和大牲畜上道整治力度，实现动态排查、动态清零。聚焦涉铁施工管控，优化涉铁工程管理制度，加强铁路安全保护区管理，开展铁路沿线油气安全隐患排查整治，共同维护铁路安全。

6. 组织开展应急演练活动。各单位要聚焦“畅通生命通道”主要内容，认真组织开展宣传和应急救援演练，提高应急处置能力。联合相关部门单位利用海报、短视频等多元化形式，讲解生命通道标识的含义和识别方法、保持畅通的必要性和法律责任，组织开展模拟火灾和地震等场景的应急疏散演练、线上避险逃生公开课等活动，突出生命通道在避险逃生和应急救援中的关键作用，强化公众不占用、不堵塞的安全意识，宣传应急疏散知识与技能，增强公众对应急突发事件的避险能力。

7. 开展铁路“6・16”安全宣传咨询日活动。6 月 16 日，国家铁路局组织开展全国铁路 2024 年“6・16”安全宣传咨询日活动，大力宣传安全生产方针政策《安全生产法》《高速铁路安全防护管理办法》《铁路系统安全生产治本攻坚三年行动方案（2024—2026 年）》等铁路相关法律法规文件，以及安全生产岗位责任、安全知识和避险逃生技能等科普知识。各地区铁路监管局结合辖区实际，可联合地方政府、行业协会、铁路企业，创新开展群众喜闻乐见、形式多样的安全宣传咨询活动。

五、工作要求

1. 强化组织领导。各单位要充分认识“安全生产月”活动的重要意义，成立活动组织机构，加强组织领导，做好人力、物力和相关经费保障，结合实际细化制定实施方案，认真部署，精心组织，扎实推进，确保活动有力有序有效开展。

2. 确保活动实效。各单位、各部门搞好统筹结合，开展活动要与铁路安全监管履职相结合，加大对铁路企业督促指导力度，调动铁路企业、社会公众参与的积极性，因地制宜开展好宣传活动，促进安全生产水平提升。

3. 加强信息联络。要加大宣传力度，充分发挥新闻媒体作用，紧紧围绕活动主题和重点内容，开展好辖区宣传报道工作，及时向局领导小组办公室报送活动进展情况和好的做法、特色项目以及视频、图片、文字等资料。各地区铁路监管局于 5 月 26 日前报送本单位实施方案安排（含联络员姓名、联系方式）和“6・16”安全宣传咨询日活动方案，7 月 3 日前报送活动总结和统计表。

附件:（略）

国铁集团安委会办公室
关于做好 2024 年全国“安全生产月”活动的通知

安委办函〔2024〕16 号

国铁集团所属各单位、各铁路公司：

为认真落实《国务院安委会办公室　应急管理部关于开展 2024 年全国“安全生产月”活动的通知》（安委办〔2024〕3 号）要求，请各单位、各部门结合工作实际，围绕“人人讲安全、个个会应急——畅通生命通道”活动主题，扎实做好 2024 年全国“安全生产月”各项工作。现将有关要求通知如下：

一、深入宣传贯彻习近平总书记关于安全生产重要论述

各单位主要负责人要切实履行好安全生产第一责任人责任，组织学习习近平总书记关于安全生产重要论述和重要指示批示精神，把学习成果转化为推动铁路高质量发展的创新思路、务实举措、有效方法，重点围绕五个方面，针对性开展学习宣贯。一是专题学习习近平总书记关于安全生产重要论述和指示批示精神。各单位安委会要以《深入学习贯彻习近平关于应急管理的重要论述》为重点，通过开展专题研讨、集中宣讲、辅导报告、交流培训等方式，全面学习领会习近平总书记关于安全生产重要论述的精髓要义，以“时时放心不下”的责任感强化责任和措施落实。二是加强安全警示教育。组织开展“安全生产大家谈”“班前会”“以案普法”“亲情联谊”等活动，通过观看“安全生产月”主题宣传片、《安全生产　责任在肩》警示教育片、事故警示教育片、典型案例解析片和“全民安全公开课”，以及干部下基层现场宣讲等形式，引导全员牢固树立安全发展理念。三是突出重点开展反思。梳理本系统、本单位典型事故，以及国内外典型事故案例，围绕贯彻铁路安全工作新理念新策略新方法，采取撰写反思材料、“两违陋习大家谈”、“安全风险大讨论”等形式，对照事故暴露问题及整改措施，深刻反思隐患成因，举一反三查摆安全责任、安全措施、岗位标准、风险防范等方面的短板弱项和风险管控失效根源，针对性研判安全风险点，完善分层管控措施，形成细化实化超前防范的制度措施。四是宣贯学习重大事故隐患判定标准。采取安全知识宣讲、业务技能竞赛、岗位练兵、业务学习等形式，组织开展重大事故隐患判定标准宣贯学习，学好用好重大事故隐患判定标准，全面排查整治重大事故隐患，坚决守住铁路安全生命线。五是盘点年中安全重点任务推进情况。以开展“安全生产月”活动为契机，全面梳理本单位贯彻落实习近平总书记关于安全生产的重要指示批示精神，以及国铁集团党组 1 号文件、安全生产治本攻坚三年行动、深化铁路安全基础建设三年行动、构建现代化铁路安全保障体系等重点工作推进情况，全面对标、查漏补缺、有序推进。

二、组织开展畅通生命通道宣传和演练

各单位要聚焦“畅通生命通道”这一主要内容，重点围绕四个方面开展宣传和演练，努力提高全员安全素质和整体安全水平。一是加强“生命通道”知识宣传教育。发挥铁路“报、网、端、微、屏”等媒体平台优势，运用海报、动漫、短视频等形式，加强典型火灾案例警示教育，讲解生命通道标识的含义，以及识别方法、保持畅通的必要性和法律责任，扩大“畅通生命通道”的宣传面、影响力。二是突出“生命通道”

开展避险逃生和应急救援演练。积极联合地方消防救援机构、路内外单位，组织开展模拟火灾和地震等场景的应急疏散演练、线上避险逃生公开课、避险逃生知识竞答等活动，宣传应急疏散知识与技能，熟练使用避险设备设施，保障非正常情况下旅客生命财产安全。三是排查整治“生命通道”安全隐患。扎实组织开展电动自行车消防安全隐患排查整治，全面排查整治电动自行车“进楼进梯入户”“人车同屋”“飞线充电”，以及占用堵塞消防“生命通道”等违规停放充电行为，将电动车违规充电行为纳入红线管理。四是鼓励从业人员主动防范“生命通道”风险。加大发现安全隐患和防止事故奖励力度，畅通安全生产举报渠道，调动职工排查举报“九小场所”、多业态混合生产经营场所、人员密集场所堵塞“生命通道”等身边的安全隐患，争做公共安全吹哨人。

三、开展“安全宣传咨询日”活动

各单位要围绕“人人讲安全、个个会应急——畅通生命通道”活动主题，6 月 16 日组织开展“安全宣传咨询日”现场活动和网络直播。一是开展安全法律法规和爱路护路宣传。组织播放“安全生产月”活动宣传片和公益广告，举行安全倡议、安全宣誓和安全文化特色文艺演出，布置展板、模型或 VR 体验区，展示不同类型建筑的生命通道布局、标识。二是组织安全咨询服务。设立咨询台，邀请专业人员解答家庭、社区、工作场所生命通道自查、自改、报修等问题，有条件的情况下适时向社会公众开放安全警示室、教育培训基地等宣教场所。三是广泛普及安全知识。利用报刊、微信公众号、车站 LED 屏、列车广播、橱窗板报、标语横幅等宣传媒介，集中推送和播放爱路护路、关注铁路安全等公益广告和安全短视频，积极向公众宣传安全生产、防灾减灾、应急救援、消防安全等知识。四是组织开展安全宣讲。发动安全领域专业拔尖人才、“最美铁路人”以及安全生产先进典型，集中开展安全宣传，引导干部职工见贤思齐、争做先锋、共保安全。

四、持续推进安全宣传“五进”工作

各单位要重点围绕四个方面，扎实推进安全宣传“五进”工作，不断提升公众和从业人员风险防范、安全应急意识和自救互救能力。一是积极参加全国性活动。组织干部职工参加“畅通生命通道”系列疏散逃生演练、“避险逃生训练营”短视频新媒体展播、“危急时刻之生命英雄”应急科普趣学、网络知识答题等全国性活动。二是常态化开展“五进”安全宣传。联合地方公检法机关、安委办、共青团组织、教育、农业农村等部门，统筹利用各方宣传资源，深入铁路沿线企业、农村、社区、学校、家庭，开展安全宣传。三是针对性开展路外安全宣传。结合近年来路外环境安全情况，分析梳理机动车肇事、闲杂人员入网、牲畜上道、线路摆障、烧荒、轻飘物等隐患易发多发的重点区域、重点企业、重点学校、重点人群，精准开展宣传教育警示，营造爱路护路浓厚氛围。四是积极培育践行安全文化。活动期间，国铁集团安委办将组织编印《铁道安全——安全生产月活动》活动专辑，各单位要注重总结安全管理经验做法，按照国铁集团安委办关于征集 2024 年全国“安全生产月”活动稿件的通知要求，及时报送活动稿件。要鼓励干部职工创作编排安全文化作品，以打造安全文化品牌为引领，带动全员共保安全。

各单位要高度重视，强化组织领导，精心安排部署，统筹抓好推进，确保活动取得实效。要指定一名联络员负责信息报送和日常联络工作，5 月 30 日前、6 月 26 日前，分别将本单位联络员信息（附件 6）、工作总结（含活动进展情况统计表，见附件 7）报送至国铁集团安委会办公室（安监局安全管理处邮箱）。

附件:（略）

国铁集团安委会办公室

2024 年 5 月 14 日

全面开展安全大检查
确保运输安全持续稳定

中国国家铁路集团有限公司

为深入贯彻落实习近平总书记关于安全生产的重要论述和对铁路安全工作的重要指示批示精神，切实把确保人的生命安全的责任和措施落实到运输生产全过程各环节，确保运输安全持续稳定，以实际行动迎接党的二十届三中全会胜利召开，国铁集团决定自 2024 年 6 月 12 日起至 8 月 15 日，结合“安全生产月”活动，在全路深入开展安全大检查。

一、以中央巡视“回头看”整改为动力，深入扎实开展安全大检查

结合中央巡视“回头看”整改，以各级管理层为重点，从思想、管理、作风、落实四个方面深入开展检查反思，着力解决安全管理中的突出问题。

（一）查思想

对照检查总体国家安全观、大安全意识是否牢固树立，“人民至上、生命至上”的发展理念和人命关天、责任重于泰山的安全责任意识是否得到强化，是否真正把确保人的生命安全的责任和措施落实到运输生产全过程各环节；各级干部特别是领导干部“安全第一”的思想和大安全意识是否牢固树立，是否能够把安全工作新理念新策略新方法落实到具体工作安排中，是否存在盲目乐观、松懈麻痹的思想，是否把主要精力投入安全管理和现场作业管控上。

（二）查管理

对照检查是否坚持主动预防、超前防范、源头治理，将超前防范、主动避险作为提高事故预防能力的主要手段，推动由防止事故向超前防控风险转变；相关管理制度措施是否具体可行、在基层得到落实，是否结合形势需要和现场安全实际及时组织修订完善。

（三）查作风

对照检查在安全管理中是否有形式主义，存在重形式、走过场、做虚功等问题；是否有官僚主义，存在脱离现场、脱离实际等问题；是否有好人主义，存在对违章违纪问题不敢抓、不敢管等问题；是否有经验主义，存在跟不上形势发展变化、凭老经验、老办法抓安全等问题。

（四）查落实

结合发生的事故、险情和安全工作推进落实情况，对照检查各单位安全生产主体责任是否压紧压实，主要负责人是否认真履行第一责任人责任，是否及时研究解决安全生产突出问题，其他领导干部是否切实抓好分管领域安全生产工作，各层级各专业管理责任是否落实到位，作业层的岗位责任是否清楚、“两纪一化”是否真知道、真会干、真落实；双重预防机制是否有效运行，事故隐患是否真正消除、安全风险是否得到有效控制；党组 1 号文件确定的安全重点工作是否有效推进落实，安全保障体系是否还存在短板弱项，深化铁路安全基础建设是否按计划持续推进。

二、突出安全重点关键，强化薄弱环节风险防控

（一）施工安全

组织开展营业线施工安全专项整治，严明施工主体和配合单位责任，加强业务外包管理，完善现场防护体系，杜绝违规上道作业，把好开通条件关，加强邻近营业线施工、涉铁施工以及铁路建设项目安全管控，进一步规范和加强汛期施工管理，汛期严禁进行影响路基稳定的施工作业，坚决确保施工安全稳定。

（二）防洪安全

严格落实超前防范，把现场能够防得住作为科技保安全的重点，强化支撑一线落实作业标准的手段和措施。坚决落实主动避险，强化以警为令、会商研判、果断决策。压紧压实防洪责任，各单位主要领导和分管领导真正把精力集中在现场、责任落实到岗位。

（三）现场作业

严格落实关键岗位人员的贯标执标管理，加强现场作业“两纪一化”，完善错上道、错送电、错爬杆、错动车、错开车等风险防范措施。优化落实安全红线条款，对触碰安全红线的严肃追责，开展违章指挥专项整治。

（四）设备设施

加强暑期设备安全管理，突出抓好线路防胀管理，实施高温预警，严禁高温动道。采取有效应对措施防范联锁失效、信号升级、动车组 ATP 故障、接触网松脱塌网等典型问题，加强机辆设备电器类、走行部、易脱落部件，以及直供电机车和空调客车的检查整修，抓好防松脱、防过热等工作。

（五）消防安全

有序推进客运车站、油库、信息机房等消防安全重点单位和人员密集场所消防安全专项检查评价，抓好问题整改，及时消除火灾隐患。加强对长大隧道、特大桥梁通道门、防护门以及隧道防灾疏散救援系统维护管理，开展电动自行车、燃气安全、动火作业、铁路在建项目消防隐患排查整治。

（六）外部环境

扎实开展高铁及普铁干线安全环境专项整治行动，全面排查整治道口、公铁并行交会地段、交叉并行油气管线等风险隐患。认真落实《关于进一步加强铁路护路联防安全稳定工作的意见》，主动与属地党委政法委对接，依托属地护路联防工作机制，推动解决影响铁路沿线安全环境的重点难点问题。

（七）应急处置

对照防范旅客列车重大涉险事件的有关要求，进一步优化完善相关预案，建立健全跨专业和路地应急处置协调联动机制。全面梳理应急场景，针对性加强教育培训，定期开展合成演练，加强应急救援队伍、装备、物资准备，推动应急处置常态化标准化。汛期应急抢险工作提级处理，领导干部带班，出现问题严肃追责。

三、从严压实责任，确保安全大检查取得实效

（一）压实主体责任

各单位主要负责同志组织召开一次专题安委会，全面反思查摆在思想、管理、作风、落实等方面存在的典型问题。结合“安全生产月”活动，组织研究细化安全大检查方案，明确检查重点、方式和要求。主要负责同志亲力亲为，其他负责同志认真履行安全职责，全面推进各项措施落实，确保安全大检查取得实效。

（二）加强检查督导

国铁集团运输、客运、货运、机辆、工电、调度、建设和经开、物资等部门细化本专业安全大检查工作

方案，成立专业检查组，对照“四查”认真开展检查反思和自查自改，紧盯安全关键和薄弱环节，深入现场检查指导。国铁集团安监局和各安监特派办成立安全督导检查组，开展重点督导检查。

（三）紧盯问题解决

对检查发现的各类问题，及时纳入问题库实施闭环管理，对重点难点问题盯住不放，综合运用通报、约谈、警示、提醒等方式方法，推动各级责任落实、措施落实，确保事故隐患真正消除、安全风险得到有效控制。充分运用依法主动维权、检企共建等有效方式，有力推动安全隐患和问题的解决。

（四）抓好工作统筹

以开展安全大检查为契机，推进安全生产治本攻坚、铁路安全基础建设走深走实，加快构建高可靠的现代化铁路安全保障体系。统筹抓好“6 • 15”调图、暑运、京广高铁武广段高标运营、项目建设、新线开通等安全重点工作。加强对安全大检查的宣传发动，形成共保铁路安全的强大合力。

人人讲安全　个个会应急
——畅通生命通道　铁路在行动

国家铁路局　中国国家铁路集团有限公司　中国地方铁路协会

2024 年 6 月 16 日，由国家铁路局、中国国家铁路集团有限公司、中国地方铁路协会主办，国家铁路局安全技术中心、中国铁路北京局集团有限公司、应急管理部宣教中心应急安全讲座和警示教育活动组委会共同承办的“6·16”安全宣传咨询日活动在北京西站联合举行。

“6·16”安全宣传咨询日活动现场

国家安全是人民幸福安康的基本要求，是安邦定国的重要基石，是习近平总书记心中的头等大事。10 年前，习近平总书记立足中华民族伟大复兴战略全局和世界百年未有之大变局，创造性地提出总体国家安全观，将我们党对国家安全的认识提升到了新的高度和境界。

铁路安全不仅是公共安全的重要领域，更是总体国家安全的重要组成部分，事关社会稳定、政治安定。10 年来，铁路各系统认真学习贯彻习近平总书记关于安全生产的重要论述和对铁路安全工作的重要指示批示精神，坚定不移践行总体国家安全观，牢固树立大安全意识，始终坚守铁路安全的政治红线和职业底线，在路网规模和客货运量持续增长的情况下取得了各项安全指标均达到高水平佳绩。随着总体国家安全观日益深入人心，随着铁路的发展与成就持续受到主流媒体关注，全社会对铁路客货运安全特别是高铁安全的关注与期待正在不断提升。

2024 年 6 月是第 23 个全国“安全生产月”。围绕“人人讲安全、个个会应急——畅通生命通道”主题，在北京西站现场设立活动展台，开展铁路安全普法宣传，发放安全宣传品，组织与会人员参与应急管理部宣教中心应急体验活动，活动宣传员广泛普及铁路安全知识，详细解答铁路安全生产问题。活动现场气氛活跃，广大旅客踊跃参与、积极咨询，提升了公众安全意识、爱路护路意识和避险逃生能力，“6·16”安全宣传咨询日活动取得了良好的宣传效果。

当日，北京西站大厅中的大型活动背板及大厅内滚动播放专题标语的广告屏、长条屏早早点燃活动氛围。上午 9 点，活动正式开始。紧密围绕“人人讲安全、个个会应急——畅通生命通道”主题，灭火救援、心肺复苏与 AED 实训、海姆立克急救法应用等应急模拟演练体验活动依次进行，面对面解答和有奖竞答等宣传环节穿插其中，以零距离、趣味性的活动形式介绍我国安全生产方针政策、普及铁路安全相关法律法规和乘车安全、铁路沿线环境安全、避险逃生技能等方面的知识。不少候车的旅客被吸引过来，或踊跃参加模拟演练，或积极询问热情答题，更有人就问题展开、延伸，与工作人员热切交流起来。工作人员们热情又卖力地演示并进一步宣传、交流，力求将关键的安全知识点留在旅客们的记忆中，切实提升他们的安全意识、爱路护路意识和避险逃生能力。

居安思危，思则有备，备则无患。铁路安全工作离不开铁路人的共同努力与接续奋斗，也离不开社会各界的理解与支持。以人民群众的汪洋大海作为后盾，吸引更多民众自觉成为铁路安全的践行者与维护者，必将托举中国铁路这艘威武巨轮在新时代的浪花中行稳致远。

机关悬挂安全生产月宣传横幅

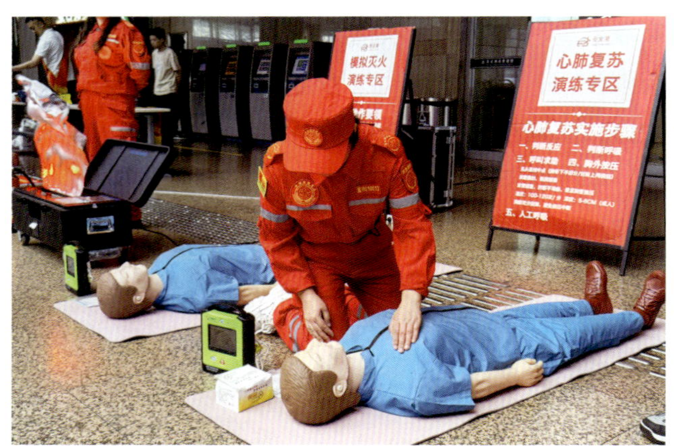

心肺复苏演练

现场模拟演练

加快构建现代化铁路安全保障体系 确保铁路运输生产长治久安

中国国家铁路集团有限公司安全总监兼安全监督管理局局长　王保国

安全是铁路行业的生命线，是一切工作的前提和基础。国铁集团党组认真贯彻落实习近平总书记关于安全生产的重要论述和对铁路安全工作的重要指示批示精神，始终坚持人民至上、生命至上，坚定不移践行总体国家安全观，树牢大安全意识，压紧压实安全生产责任，铁路安全进入较为稳定的历史时期。随着路网规模持续扩大、技术装备迭代升级、运营场景复杂多变，突发性自然灾害发生频繁、铁路沿线环境复杂多变，铁路运输具有全区域、全系统、全周期、全天候的特点，以及内部作业联劳、设备联动、管理连贯的特性，铁路运输生产面临着各种交织复杂的内部和外部、传统和非传统、自身和共同的安全风险，铁路安全工作面临着新形势和新挑战。

一、坚定不移践行总体国家安全观，始终把加强安全基础建设作为促进铁路高质量发展的治本之策

1. 加强安全基础建设，是贯彻落实党中央、国务院安全决策部署，践行总体国家安全观，推进铁路高质量发展的迫切需要。铁路作为国家战略性、先导性、关键性基础设施和大众化交通工具、重要民生工程。铁路安全是总体国家安全的重要组成部分，是政治安全的一部分，是公共安全的重要领域，不仅仅关系铁路自身，更关系党和国家形象和外交大局。这些使命任务决定了我们在践行“人民至上、生命至上”中肩负的重大责任，决定了我们要将推进铁路高质量发展作为建设现代化铁路强国的首要任务。

2. 加强安全基础建设，是牢牢把握铁路安全工作新理念新策略新方法，守正创新压实安全生产责任的现实需要。近年来，国铁集团党组在总结以往安全工作经验教训的基础上，提出了要牢牢把握铁路安全工作新理念新策略新方法，需要我们坚持和完善铁路行之有效的措施，对于铁路高质量发展中遇到的新形势、新情况、新问题，坚持守正创新，认真研究、分析、论证，深入探求铁路安全工作的本质和规律，从严压实责任、从严落实措施，始终把握安全工作的主导权和主动权。

3. 加强安全基础建设，是统筹发展和安全，牢牢守住政治红线和职业底线的重要保障。通过构建并实施更为先进的安全保障体系，促进始终保持对安全工作的敬畏和警觉，切实增强风险意识、忧患意识，强化底线思维、极限思维；始终保持如履薄冰、如临深渊、如坐针毡的危机感，始终保持“时时放心不下”的责任感，以更有力有效的措施，努力防范和化解“灰犀牛”“黑天鹅”事件，坚决守住安全生命线。

4. 加强安全基础建设，是加快本质安全进程，实现铁路安全长治久安重要支撑。提升铁路本质安全水平是推动运输生产长治久安的必然途径，实施载体是：一方面，深化铁路安全基础建设，通过补短板、强弱项，“由内而外”提高安全可靠性，弥补本质安全的不足，筑牢本质安全的基础。另一方面，加快构建现代化铁路安全保障体系，通过提能力、促落实，“由外向内”提高安全可靠系数，保证不发生意外或意外发生时不造成严重后果。

二、树牢大安全意识，以提升铁路本质安全水平作为加快构建现代化铁路安全保障体系的出发点和落脚点

（一）与传统的安全保障措施相比，现代化铁路安全保障体系聚焦中国式现代化目标任务，具有先进性、有效性、系统性、可持续性等属性特征。

1. 先进性。坚持守正创新、问题导向和系统观念，传承铁路安全生产各项成熟有效的经验做法，不断吸收先进的管理理念和方法，推广应用成熟先进的物防技防成果，在治理水平、设备质量、管控能力、素质保障、应急能力等方面始终保持先进性，形成新的突破。

2. 有效性。强化人防、物防、技防措施“三位一体”优势叠加，完善安全保障措施，验证评价措施运行效果，以事前预防、事中管控、事后应急等能力的提升，主动适应铁路运输生产的新形势新变化新挑战。

3. 系统性。遵循安全系统工程原理，运用体系化方法，以安全管理、设备设施、队伍素质、外部环境等本质安全要素为框架，从服务大运输、大安全、大联动、大协同、大应急、大救援的角度构建保障体系，确保安全保障能力与铁路高质量发展相匹配。

4. 可持续性。聚焦自我纠正、自我完善的可持续性，突出安全生产各环节的安全冗余、容错纠错等机制措施的优化设计，着力打造“感应—响应—验证—反馈—动态优化”的链条，针对性迭代完善保障措施，确保在发生意外、错误或故障时能及时发现和自我修复，实现本质安全。

（二）现代化铁路安全保障体系的作用定位是实现本质安全要素能力的全面提升，推动各项安全决策部署有效落实，提升风险感知和管控能力，进一步提高人防、物防、技防措施可靠性，提升铁路运输安全保障能力，确保铁路运输安全持续稳定。

1. 体现在提升能力上。国铁集团党组对构建现代化铁路安全保障体系强调“要提升安全预防和管控能力、应急处置和救援能力”。因此，在构建现代化铁路安全保障体系中，以加强党对铁路安全工作的领导为统领，提升管理基础、设备质量、预防管控、队伍素质、环境治理、应急救援、综合保障等七项能力，全面适应铁路高质量发展需要。

2. 体现在促进落实上。规章制度、作业标准、设备养护、队伍建设、环境治理等各项安全工作部署要有效落实，不单要靠履职尽责，更要形成有针对性的保障措施，如强化预警会商研判、优化运输生产组织流程，加大加密监督检查、加大考核力度等等，这些措施有的是长期的，有的是短期的，但都是保障措施，需要系统梳理并提炼固化。

3. 体现在提升安全保障能力上。深化安全基础建设需要久久为功、持续发力，其效果不一定是立竿见影。而依托安全保障体系可以根据不同时段、不同变化、不同风险等快速做出反应，具有一定的灵活性和实用性，其效果等同于在安全基础之上增加了一道“保险”，既能为运输生产提供安全可靠性，又能为深化安全基础建设“从外向内”带来“探索性的风向标”。

三、聚焦铁路推进中国式现代化建设的中心任务，加快构建与铁路高质量发展相适应的现代化铁路安全保障体系

当前，国铁集团制定并实施了“十四五”铁路安全发展规划、铁路安全治理体系、安全管理规定、深化铁路安全基础建设三年行动等部署，其中“十四五”铁路安全发展规划明确了安全工作的方向；铁路安全治理体系明确了铁路运输企业安全管理制度建设的框架；安全管理规定全面承接国家法律法规对企业的要求、从依法治理角度作出了顶层规定；深化铁路安全基础建设三年行动明确了一系列补短板、强弱项的任务项目。这些安全决策部署均为构建与铁路高质量发展相适应的现代化铁路安全保障体系奠定了坚实基础。

构建现代化铁路安全保障体系不是推倒重来，也不是新建补充大量的规章制度，新投入大量的设备设施，而是要对成熟有效的保障措施进行系统性的梳理提炼，传承好的经验做法，并通过持续循环改进，形成更可靠的保障体系。

总体思路是：坚持守正创新、问题导向、系统观念和基础取胜，围绕坚决守住高铁和旅客列车安全生

命线，对既有的安全保障措施进行全面梳理提炼。对标现代化、高可靠的标志属性，运用现代化技术手段对各项安全保障措施进行评价，对成熟可靠的予以坚持和完善、效能乏力的予以强化和提升、空白缺项的予以补强和健全，通过动态完善、持续发力、久久为功，全面建成适应铁路高质量发展的现代化铁路安全保障体系，保障铁路运输安全长治久安。

这一进程中需要把住 5 个原则。

1. 坚持守正创新。着力扬优势、补短板、强弱项，在传承各项成熟有效的保障措施基础上，吸收先进的管理理念，进行针对性补强和持续改进，不断提升保障措施的有效性，在治理水平、设备质量、管控能力、素质保障、应急能力等方面实现新的突破，形成更可靠的保障体系。

2. 坚持问题导向。高度重视信息反馈，深化双重预防机制，及时辨识感知风险变化，强化人防、物防、技防措施“三位一体”优势叠加，完善安全保障措施，验证评价措施运行效果，以事前预防、事中管控、事后应急等能力的提升适应铁路运输生产的新形势新变化新挑战。

3. 坚持系统观念。遵循安全系统工程原理，运用体系化方法，以安全管理、设备设施、队伍素质、外部环境等本质安全要素为框架，突出大运输、大安全、大联动、大协同、大应急、大救援的保障格局，确保不同时段、不同变化、不同风险的快速反应能力和安全保障能力与铁路高质量发展相匹配。

4. 坚持目标导向。贯彻安全发展理念，围绕推动安全部署要求有效落实，提升行车安全可靠性，体系化梳理完善各项与确保铁路高质量发展相匹配的安全保障措施，提炼优化各项具有先进性、可完整评价体系运行效果的判定标准，确保铁路本质安全水平和安全保障能力位居世界前列。

5. 坚持动态优化。聚焦自我纠正、自我完善的可持续性，突出安全生产各环节的安全冗余、容错纠错等机制措施的优化设计，着力打造“感应—响应—验证—反馈—动态优化”的链条，针对性迭代完善各项保障措施，确保在发生意外、错误或故障时能及时发现和自我修复。

四、扎实推进现代化铁路安全保障体系建设，为推动铁路高质量发展、率先实现铁路现代化，勇当服务和支撑中国式现代化建设“火车头”奠定坚实基础。

（一）明确目标任务，有序开展现代化铁路安全保障体系建设。

现代化铁路安全保障体系建设是一项长期且复杂的体系工作，分到两个阶段来推进。到 2025 年，总体国家安全观和大安全意识牢固树立，人防、物防、技防“三位一体”安全保障措施有力有效，铁路安全预防和管控能力、应急处置和救援能力明显增强，安全基础全面夯实，本质安全水平全面提升，安全依法治理能力显著增强，铁路安全保持持续稳定。展望到 2035 年，全面建成现代化铁路安全保障体系并有效运转，安全预防和管控能力、应急处置和救援能力全面适应铁路高质量发展需要，铁路安全管理数智化取得重要进展，运输安全各阶段工作目标全面实现，本质安全水平和安全保障能力位居世界前列。

明确以下 8 方面 41 项工作任务。

1. 坚持和加强党对铁路安全工作的领导。把坚持和加强党对铁路安全工作的全面领导作为体系建设的首要任务和“一把手工程”来抓，确保党组（党委）在铁路安全生产领域把方向、管大局、保落实的领导作用更加有力有效，引领铁路安全高质量发展。2024 年推进的重点是围绕牢固树立总体国家安全观，组织修订完善工作目标、责任体系、规章标准、管理制度，针对性完善保障措施。

2. 提升安全管理能力。以安全管理扎实规范，有效提升管理本质安全水平的目标，强化安全生产依法治理、压实安全生产责任、严格管理制度和规章标准管理，夯实保障铁路安全发展的管理基础。2024 年推进的重点是以实施铁路数字规划为载体，开展铁路安全管理数智化课题研究，建立铁路安全治理体系运行效果评价机制，以及健全完善安委会运行机制。

3. 提升设备设施保障能力。以设备设施先进、质量可靠，大幅提升设备本质安全水平为目标，强化源头质量、养护维修和监测检测监控，全面提升设备设施质量保障能力，为铁路运输提供高可靠的安全保障。2024年推进的重点是建立健全铁路设备设施履历管理和全寿命周期管理机制，以及设备设施维修质量控制机制，提升设备设施养护维修能力。

4. 提升预防管控能力。以风险防范、过程控制、隐患治理更加有力有效，安全预防和管控能力全面提升为目标，推动“守底线、抓重点、控关键、防风险”和“盯红线、查隐患、落责任、督整改”贯穿安全工作全过程，为营造高效有序安全可靠的行车条件提供可靠保障。2024年推进的重点是建立健全双重预防基础数据规范，推进双重预防综合分析系统建设，建立铁路重大事故隐患排查清单，进一步完善“超前防、主动避、有效抢”保障体系。

5. 提升队伍素质保障能力。以打造高素质的干部职工队伍，根本性提升人的本质安全水平为目标，从队伍储备、技能素养、教育培训等方面提升保障能力，为铁路高质量发展提供可靠的队伍素质保障。2024年推进的重点是构建实施科学合理的队伍素质评价机制，健全完善教育培训质量追责考核机制。

6. 提升外部环境综合治理能力。以实现外部环境的可防范可预警，提升环境本质安全水平为目标，扎实推动内外联动、群防共治等工作，提高法治化、规范化、专业化、系统化水平，为常态化保持良好的行车安全外部环境提供可靠保障。2024年推进的重点是深化落实“双段长”工作制，全面摸清保护区内的设备设施底数，开展铁路安全依法维权和“打非治违”行动。

7. 提升应急处置和救援能力。以应急处置和事故救援果断迅速、导向安全、稳妥高效，社会协同能力大幅提升为目标，健全完善应急预案和应急规章管理体系，常态化开展联合演练，为铁路高质量发展提供可靠的应急能力保障。2024年推进的重点是建立健全应急预案体系，加强铁路局集团公司和站段指挥中心建设，健全应急事件分析评价奖惩机制，分场景开展专项演练和多专业协同联动合成演练。

8. 提升综合保障能力。以更加有力有效服务运输生产安全为目标，加大安全投入、安全科研、安全文化建设力度，为铁路高质量发展提供可靠的综合服务保障。2024年推进的重点是建立健全安全生产投入项目储备机制，推进移动装备、基础设施设备监测检测技术升级。

（二）明确政治责任担当，扎实推进现代化铁路安全保障体系建设。

1. 持续深化安全基础。始终把加强安全基础建设作为促进铁路高质量发展的治本之策，扎实开展深化安全基础建设三年行动，持之以恒深化技术规章标准、干部职工队伍、标准化规范化、基础设备设施、消防安全基础、铁路外部环境安全治理等建设。

2. 强化专业主导推动。国铁集团和铁路局集团公司各相关部门要深入研究本部门、本系统实现“现代化”“高可靠”的具体特征和实施路径，优化顶层设计、确定具体任务，研究制定推进计划，明确每项任务的阶段目标、具体内容和完成时限，确保现代化铁路安全保障体系有序推进、取得实效。

3. 全面梳理保障措施。当前，国铁集团安委会办公室已将建设方案分解为172项保障措施梳理任务清单，组织各铁路局集团公司自下而上进行系统梳理，梳理完毕后将对有效性进行评估评价。今年底前将公布一批成熟有效的保障措施，并形成保障体系阶段性建设任务方案。

4. 完善安全评估评价指标体系。瞄准各专业安全重点关键，持续完善各种监测检测、预警响应、动态反馈机制，提炼与确保铁路高质量发展相匹配的评估评价指标，充分运用信息化手段，实时评价各项安全保障措施，不断提升铁路安全保障体系的针对性和有效性。

5. 推动安全管理数智化建设。开展安全管理数智化课题和建设方案研究，在全面摸清涉及安全管理各领域数智化建设底数的基础上，确定铁路安全管理数智化目标任务和功能需求，研究应用评估评价分析模型，持续提升运输生产安全的实时监测、评估评价、风险感知、辅助决策等能力，为提升本质安全能力水平提供数据支撑和坚实保障。

突出“四个到位”扎实开展“安全生产月”活动

中国铁路兰州局集团有限公司

2024年6月是第23个全国“安全生产月”，兰州局集团公司紧紧围绕“人人讲安全、个个会应急——畅通生命通道”主题，以确保实现安全稳定为目标，把学习习近平总书记关于安全生产的重要论述和对铁路工作的重要指示批示精神，以及宣讲安全生产相关法律法规和事故案例、开展专题反思教育、组织隐患排查整治作为工作重点，开展了一系列丰富多彩、富有成效的“安全生产月”活动，不断夯实安全根基。

一、全员学习到位，凝聚思想共识

各单位采取专题学习、集中学习研讨、主要领导带头领学的方式，组织学习《深入学习贯彻习近平关于应急管理的重要论述》等内容，筑牢思想防线。各车间班组有机结合专项培训、“每周一学”，利用身边的实际案例现身说法，讲心得、说感想、谈体会，生动鲜明地交流学习，相互分享促进安全生产的经验，将学习研讨充分转化为安全生产工作的具体举措，切实从思想上重视起来、从行动上严格起来，进一步强化职工的安全意识，全面形成思想共识。

二、宣传宣讲到位，树牢安全理念

围绕“人人讲安全、个个会应急——畅通生命通道”安全生产月主题，开展不同层次、形式多样的宣传教育活动。一是结合“改革创新展作为、提质增效立新功”主题宣讲，各专业部门由部门负责人带队组建下基层宣传队，各单位由包保领导带队成立宣传队，围绕安全生产相关法律法规、事故案例、重大事故隐患判定标准等，深入站段、车间、班组，利用交接班会、学习会等时机开展安全宣讲，让安全理念深入人心。二是以安全发展理念、铁路运输安全、铁路沿线安全环境隐患治理、防灾减灾、铁

撰写安全警句

开展安全宣讲

路相关安全法律法规等为主要内容，联合路内外单位开展铁路沿线安全环境宣传“五进”活动，对铁路沿线村民、居民、企业开展有针对性的爱路护路宣传教育，增强铁路沿线居民群众爱路护路意识。

三、警示教育到位，做到警钟长鸣

一是以安全警钟日为契机，组织开展专题反思教育系列活动，组织全体干部职工观看事故警示教育片、2024 年“安全生产月”主题宣传片、《安全生产　责任在肩》警示教育片等，对典型事故案例进行深刻剖析，对照反思问题，用惨痛的事故教训警示干部职工，让安全生产宣传教育入脑入心。二是组织干部职工参与全国安全生产月组委会及中华人民共和国应急管理部在微信公众号、抖音、快手、微博等平台官网上的安全生产知识答题、安全科普讲座、警示教育等安全生产宣教活动，增强职工安全意识和自我保护能力。三是组织职工与家属共同参加安全亲情联谊会，通过座谈交流、连线互动等方式征集、宣读家属对职工的安全寄语，促进增强安全责任意识。同时，部分单位组织举办安全漫画征集活动，通过漫画的形式，生动形象地展示安全生产的重要性，引导广大职工积极参与安全管理，不断提高安全意识。

四、风险防控到位，全面消除隐患

一是紧密围绕国铁集团党组提出的安全工作新理念、新策略和新方法，全面梳理国务院安委会办公室公布的 51 个行业领域重大事故隐患判定标准，将与集团公司安全生产有直接关系的 8 方面重大事故隐患判定标准进行汇编，印发“口袋书”2000 册，各单位结合工作实际，分层细化重大安全隐患排查治理任务清单，开展普速客车制动系统专项普查、电梯安全隐患专项排查等 10 余项安全隐患专项排查整治，做到全员参与、全覆盖排查、无盲区整治。二是组织对 2024 年以来设备质量方面存在的问题进行分析，制定各专业下半年设备质量控制目标，下发《关于开展设备质量大检查大整治工作的通知》，形成检查整治任务清单，明确项目、措施、责任、时限，由各部门、各单位主要领导亲自抓部署、抓推进、抓督办，确保按期完成检查整治任务。三是突出防洪安全、施工安全、劳动安全、新线开通运营安全等关键环节，组织开展安全风险再排查、安全隐患再整治，各单位领导班子示范引领、科室干部扎实包保、车间干部深入现场，进一步压实安全管理责任，确保安全风险有效管控、安全隐患彻底整治。

（兰州局集团公司　胡昭鹏　安亚东）

编制铁路行业重大事故隐患判定标准“口袋书”

多措并举 为开展“安全生产月”活动提供强有力思想保障

中国铁路沈阳局集团有限公司

沈阳局集团公司党委坚持把抓好安全生产月宣贯作为开展“改革创新展作为、提质增效立新功”主题宣讲的重点任务，紧紧抓在手上，精心策划，突出特色，注重实效、有序推进，用高质量主题宣讲凝聚起保安全的思想共识和行动合力。

锦州工务段利用电视电话会议形式进行安全生产月专题宣讲

举办 2024 年沈铁先进典型宣讲报告会

一、强化形势教育，筑牢安全思想防线

将习近平总书记关于安全生产的重要论述和对铁路工作的重要指示批示精神，以及国铁集团党组、集团公司党委开展安全生产月的部署要求，作为干部职工政治理论学习的重要内容，深入开展形势任务教育，切实增强确保安全生产的政治意识和责任意识。集团公司统筹线上线下各类宣传资源，编发《安全生产月重点任务应知道》《汛期来临！集团公司都有哪些防洪措施》等“一图读懂”宣传产品 3 期，编制《为构建新安全格局作出铁路贡献》理论微课，面向干部职工讲清季节性安全的严峻形势和重点任务、讲清确保运输安全责任使命，并围绕立足岗位严守作业标准开展全员讨论，筑牢安全生产思想“堤坝”。

开展“沈铁先进典型安全宣讲”活动，抽调“最美铁路人”“安全榜样”“沈铁工匠”

通辽车务段召开调车作业总结会

吉林电务段组织干部职工观看安全生产警示教育片

通辽车务段为实习的高职生上入路安全第一课

通辽工务段组织消防安全基础知识和避险逃生技能学习

等 15 名安全先进典型组建宣讲团，以“讲述事迹 + 文艺演绎”的方式生动诠释了典型精神，让职工见贤思齐、争做先锋、共保安全。充分运用职工思想分析预警处置系统，及时掌握和精准研判职工思想动态，特别是行车主要工种、关键岗位职工的所思所想，有效做好一人一事思想工作，让职工感受到组织的温暖，在完成安全生产月目标任务中作出积极贡献。

二、强化普法教育，落实岗位安全责任

将《安全生产法》纳入干部职工政治理论学习，采取集中学习、交流讨论、发布“《安全生产法》重点内容解读”微信推文等方式，通过新旧法规对比，总结与铁路安全工作息息相关的知识点，为干部职工送上普法精神食粮。组织各单位领导班子成员走进车间、工区，结合工作实际，为职工上好安全生产“公开课”，组织观看“安全生产月”主题宣传片《畅通生命通道》、《安全生产　责任在肩》警示教育片，并结合本系统、本单位发生的典型事故案例，开展“安全生产大家谈”，让全员熟练掌握辨识风险、防控风险和应急处置的基本技能，提升全员防控风险能力。

针对新入路人员，组织参观安全警示教育馆，安排包保干部进行一对一包保，讲清现场作业的重点部位、关键环节和具体要求，增强新人对确保运输安全的敬畏感。以《安全生产法》、避险逃生知识等为重点，通过“沈铁在线”企业号“学习进行时”栏目开展安全生产月网络在线答题活动，发动干部职工通过答题学习掌握安全生产相关法律法规常识、各类事故预防、风险识别与隐患排查整治等应知应会知识。

吉林电务段组织消防知识学习，并进行实作演练

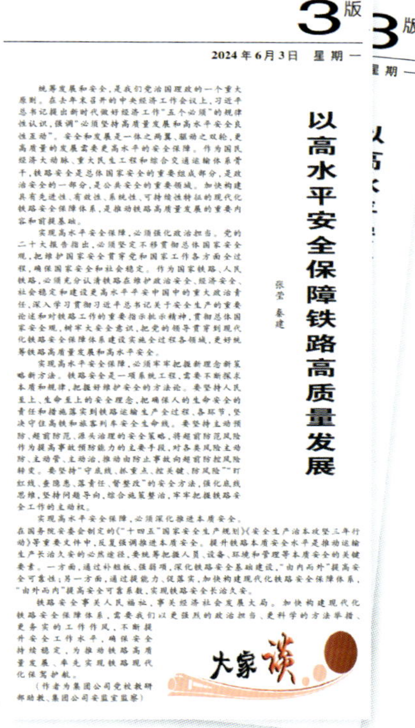

3版

2024年6月3日　星期一

以高水平安全保障铁路高质量发展

张莹　秦建

统筹发展和安全，是我们党治国理政的一个重大原则。在去年末召开的中央经济工作会议上，习近平总书记提出新时代做好经济工作"五个必须"的规律性认识，强调"必须坚持高质量发展和高水平安全良性互动"。安全和发展是一体之两翼、驱动之双轮，更高质量的发展需要更高水平的安全保障。作为国民经济大动脉、重大民生工程和综合交通运输体系骨干，铁路安全是总体国家安全的重要组成部分，是政治安全的一部分，是公共安全的重要领域。加快构建具有先进性、有效性、系统性、可持续性特征的现代化铁路安全保障体系，是推动铁路高质量发展的重要内容和前提基础。

实现高水平安全保障，必须强化政治担当。党的二十大报告指出，必须坚定不移贯彻总体国家安全观，把维护国家安全贯穿党和国家工作各方面全过程，确保国家安全和社会稳定。作为国家铁路、人民铁路，必须充分认清铁路在维护政治安全、经济安全、社会稳定和建设更高水平平安中国中的重大政治责任，深入学习贯彻习近平总书记关于安全生产的重要论述和对铁路工作的重要指示批示精神，贯彻总体国家安全观，树牢大安全意识，把党的领导贯穿到现代化铁路安全保障体系建设实施全过程各领域，更好统筹铁路高质量发展和高水平安全。

实现高水平安全保障，必须牢牢把握新理念新策略新方法。铁路安全是一项系统工程，需要不断探求本质和规律，把握好维护安全的方法论。要坚持人民至上、生命至上的安全理念，把确保人的生命安全的责任和措施落实到铁路运输生产全过程、各环节，坚决守住高铁和旅客列车安全生命线。要坚持主动预防、超前防范、源头治理的安全策略，将超前防范风险作为提高事故预防能力的主要手段，对各类风险主动防、主动管、主动治，推动由防止事故向超前防控风险转变。要坚持"守底线、抓重点、控关键、防风险""盯红线、查隐患、落责任、督整改"的安全方法，强化底线思维，坚持问题导向，综合施策整治，牢牢把握铁路安全工作的主动权。

实现高水平安全保障，必须深化推进本质安全。在国务院安委会制定的《"十四五"国家安全生产规划》《安全生产治本攻坚三年行动》等重要文件中，反复强调推进本质安全。提升铁路本质安全水平是推动运输生产长治久安的必然途径，要统筹把握人员、设备、环境和管理等本质安全的关键要素。一方面，通过补短板、强弱项，深化铁路安全基础建设，"由内而外"提高安全可靠性；另一方面，通过提能力、促落实，加快构建现代化铁路安全保障体系，"由外而内"提高安全可靠系数，实现铁路安全长治久安。

铁路安全事关人民福祉，事关经济社会发展大局。加快构建现代化铁路安全保障体系，需要我们以更强烈的政治担当、更科学的方法举措、更务实的工作作风，不断提升安全工作水平，确保安全持续稳定，为推动铁路高质量发展、率先实现铁路现代化保驾护航。

（作者为集团公司党校教研部助教、集团公司安监室监察）

大家谈

《沈阳铁道报》刊发
《以高水平安全保障铁路高质量发展》理论文章

结合当前营业线施工、设备检修整治、站段标准化规范化建设等重点任务，通过集团公司全媒体平台报道锦州工务段、山海关站、长春供电段等19个单位确保安全生产的典型做法，营造合力保安全的浓厚氛围。

三、强化政策解读，汇聚职工奋进合力

围绕加快构建现代化铁路安全保障体系，组织党校教师、安监室专业人员从把握新理念新策略新方法、强化责任担当、推进本质安全等方面进行解读，撰写《以高水平安全保障铁路高质量发展》理论文章，通过"沈铁在线"企业号推出宣讲视频，组织集中学习观看，引导干部职工以强烈的政治担当、科学的方法举措、务实的工作作风，不断提升安全工作水平。

组织各单位利用职工政治学习时机，学习《人民铁道》全媒体平台推出《加快构建现代化铁路安全保障体系》的理论微课、权威访谈，教育干部职工理解现代化铁路安全保障体系的形势要求、发展目标、重点任务，切实把思想和行动统一到国铁集团党组的部署要求上来。

围绕构建现代化安全保障体系，分系统设置"如何牢固树立总体国家安全观""如何提升安全管理能力"等10个宣讲课题，通过站段初赛、片区复赛、集团公司决赛的方式，策划开展宣讲大赛113场次，深化认识理解，明确目标要求、找准差距短板、制定补强措施，推动铁路运输安全各项举措落实落地。认真做好集团公司2024年运输安全工作决定解读，编发宣讲报告，推出安监室、运输部、机务部等10个部门的解读文章，录制7部"专题访谈"视频课件，下发基层宣讲学习，通过网络平台进行推送宣传，进一步引导职工以更加饱满的热情投身勠力同心、共保安全的攻坚战中。

锦州供电段举办主题宣讲比赛

（党委宣传部　黄玉昆）

践行发展理念　提升安全管理水平

中国铁路昆明局集团有限公司

昆明局集团公司玉溪供电段深入学习贯彻习近平总书记关于安全生产的重要论述，结合全国“安全生产月”活动工作要求，认真落实国铁集团、集团公司工作部署，坚守铁路安全政治红线和职业底线，深刻吸取典型事故教训，围绕推动由防止事故向超前防控风险转变。

一、筑牢大安全意识

始终以习近平新时代中国特色社会主义思想为指导，全面学习贯彻党的二十大精神，深入贯彻落实习近平总书记关于安全生产的重要论述和对铁路安全工作的重要指示批示精神，贯彻国铁集团党组决策部署及集团公司安排，坚持从严安全管理导向不动摇，突出高铁安全、劳动人身安全和轨道车行车安全，依托集中修、集中巡检和集中巡视，强化标准化作业组织程序执行、施工及施工配合管控和管理人员全过程跟班，全面实施深化安全基础建设三年专项行动，持续提升安全生产法治化、规范化、标准化水平，着力从源头上防范安全风险、消除事故隐患，提高本质安全水平，确保高铁和旅客列车安全万无一失。

二、安全基础建设持续夯实

持续深化安全理念教育、安全治理体系建设、双重预防机制运行，推进标准化规范化建设等工作，安全管理水平持续提升。以安全专项整治活动为载体，编制图文并茂的防触电安全图册、制作典型事故安全规章解读案例，采取领导班子带头讲、管理人员覆盖讲的方式，分层分级开展专题宣讲 200 余场次，同步制作动画辅助课件进行微信推送，实现职工随时查阅学习，进一步筑牢安全意识。对照 10 个子体系及其 47 个模块要素，按照管用、适用、规范的原则，依托“执行作业标准、夯实安全基础”专项活动，组织专题会议细化推进方案，重新修订安全考核实施办法等 4 项管理制度、全员安全生产职责 210 项，清理管理规章制度 58 项，作业规章制度 83 项，作业类细则、办法 399 项，体系建设初见成效。深化“历史上的今天”运用，对每日事故案例新增防控措施 688 条、风险预警提示 44 份，有效提升防控能力。

“安全生产月”活动动员会

开展“确保安全我们应该怎么做?”讨论活动

组织一线班组职工学习标准化规范化作业流程

三、现场管控手段更加丰富

紧盯从业人员触电、车辆伤害、高空坠落、长大隧道有限空间等重点风险，持续强化现场作业安全管控。围绕防感应电、穿越电流关键风险，梳理禁止V型停电作业区段130处，整治昆明枢纽接地电阻超标隐患，取消专用接地极，将接触网停电作业接地线接地端变更装设到扼流变压器中连板上，并同步修订管内8个站场、12个站区接触网停电作业防护办法。制定长大隧道作业有害气体危害安全管理规定，为10台轨道作业车配备长大隧道有限空间应急备品，堵塞有限空间作业安全漏洞。将护栏外所有维修作业纳入点外计划管理，并通过调度指挥中心对各工区现场作业进行全面监控。推广可视化终端现场运用，配齐接触网专业作业范围监控122台，实施全覆盖、全过程作业监控，有效提升职工作业安全敬畏感及现场标准化执行。

四、安全关键管控效果明显

结合典型事故案例、专业重点和季节性安全特点，综合采取人防、物防、技防措施，牢固树立“中老铁路无小事”理念，提前研判昆玉段设备质量、外部环境等安全关键，及时组织开展供电设备集中整治，完成接触网设备全面检查433跨，整治电力电缆桥槽42公里。对昆玉段安全信息落实件件分析、件件整改落实。发挥党组织的战斗堡垒作用和广大党员的先锋模范作用，按照“春防大风、夏防中暑、秋防温差、冬防冰冻、全年防洪”的季节性安全管理思路，组织党员职工动态排查整治防洪安全隐患，适时开展大风、雨季、高温等专项排查，提前落实防控措施，特别是面对各类严峻气候时，全体党员职工能立即集结，昼夜奋战，牢牢守住供电安全底线。

（玉溪供电段　杨　森）

深入开展学习宣讲
全面树牢安全生产责任意识

中铁特货物流股份有限公司

中铁特货公司认真落实国铁集团“安全生产月”活动工作部署，积极组织学习习近平总书记关于安全生产重要论述和重要指示批示精神，把学习成果转化为推动公司高质量发展的创新思路、务实举措、有效方法，压紧压实安全生产责任，全面树牢安全生产责任意识，夯实安全管理基础。

一、公司召开专题安委会，深入学习贯彻习近平总书记关于应急管理的重要论述

6月6日，公司组织安委会成员部门和单位召开了专题安委会，深入学习贯彻习近平总书记关于应急管理的重要论述，强调保护人民生命安全和身体健康可以不惜一切代价，要持续把防范化解风险挑战摆在突出位置，切实推动由防止事故向超前防控风险转变；组织大家共同观看了“安全生产月”宣传片等视频资料，提出了落实“安全生产月”相关活动要求，部署了近期安全生产管理工作。

二、所属单位召开专题学习会，各级党员干部带头领学促学

“人人讲安全、时时讲安全、处处讲安全，才能家家有安全”“宁可百日紧，不可一日松”“安全生产必须警钟长鸣”……全国安全生产月期间，所属单位领导、各部门负责人带头开展习近平总书记关于安全生产重要论述宣贯活动，以《深入学习贯彻习近平关于应急管理的重要论述》为重点，通过开展专题讨论、观看《安全生产　责任在肩》《请为自己负责》“安全生产月”教育片等方式，深入学习领会习近平

专题安委会学习宣讲

广州机保段在段中层进行宣讲

沈阳分公司组织观看警示案例

总书记关于安全生产重要论述的精髓要义，树牢安全责任意识、培育系统安全思维，为抓牢安全生产工作打牢思想基础。

三、深入班组开展宣讲，增强基层职工安全意识

创新宣讲形式，利用班前会、班后会时间，以班组为单位组织开展“安全生产大家谈”“以案说法”活动。组织广大职工学习近期国内典型安全事故案例教训和安全规章制度，让职工深刻体会安全生产工作的极端重要性，深刻吸取事故教训，树牢安全发展理念，增强抓好安全生产的自觉性和主动性，促进职工牢固树立安全红线意识，守牢职业底线，确保安全生产。

武汉分公司组织宣讲

四、及时把宣讲效果转化为确保公司安全稳定的强大动力

通过组织公司各层级开展安全学习宣讲，有力提升了干部职工的安全意识和责任感，推进了职工现场作业落实安全措施的自觉性。一是明显增强了领导干部的示范引领力，各级领导干部在组织学习习近平总书记关于安全生产的重要论述的同时，集中研讨本单位安全重点问题，制定并组织落实整改措施，督促各级管理人员要深刻领会安全工作的重要性，始终将安全工作放在各项工作首位，从自身做起，压紧压实安全生产责任，将每项工作抓到点上、落到实处。二是切实强化了管理人员安全管控的向心力，基层管理人员结合实际工作和安全案例进行宣讲，摒弃宣教式的安全教育，真情实感地分析现场违章可能存在的危害和带来的严重后果，阐述了规章的严肃性，增强了职工对规章执行的敬畏感。三是及时推动了现场作业人员落实安全措施的执行力。通过安全案例的学习和规章落实的研讨，现场作业人员的安全意识得到进一步增强，自觉落实安全规章制度和作业标准的行为得到有力提升。

（安全监察部　邹向平）

精细部署“出实招” 监督验证“抓实效”

中国铁路乌鲁木齐局集团有限公司

在第23个全国“安全生产月”活动期间，乌鲁木齐西站深入学习贯彻习近平总书记关于安全生产的重要论述，紧密围绕国铁集团“六个现代化体系”建设要求，坚持预防为主、超前防范、源头治理，坚持守正创新、问题导向、系统观念，坚守万无一失的红线意识和底线思维，牢固树立“安全乌铁、质量乌铁、数字乌铁、美好乌铁”工作理念，持续以“五机制一平台”“五有闭环管理”“党建五项工程”为抓手，进一步夯实全员安全敬畏意识，着力推动从防止事故向超前防控风险转变，统筹推进年度、阶段性重点工作，突出目标导向、运用靶向思维，出实招、抓实效，系统提升车站本质安全管理水平，全面提高现实安全管控质量。

一、精细规划部署，推动活动内容清单化

乌鲁木齐西站按照集团公司“安全生产月”活动部署，结合年度、阶段性重点工作，立足当前安全实际和季节性特点，由主要领导主持，领导班子及专业科室人员参加，共同学习“安全生产月”活动文件、分解活动内容、梳理工作项点。

按照“阶段与长期结合、专业与综合融合、任务与现场贴合、目标与过程契合”的原则，以时间为链条，围绕4个主要节点，整合专项整治活动、年度非正常演练、安全警示教育、季节性安全等11项重点工作，梳理制定活动内容5类20项，逐一明确牵头领导、工作内容、责任部门、完成时限，制定公布任务清单，确保工作推进落实、督查验证、考核问责界定清晰，源头防范工作推诿扯皮。

结合管内车间车站作业量、作业性质，由车站领导班子带头，成立3个专业检查组、1个作风督察组。结合各部门突出风险点、趋势性安全问题、安全基础管理现状等，按照“量身定制、有的放矢”原则，制定检查分工和履职督察共性项点32条、个性项点53条。以任务清单为准绳，逐项验证工作推进落实情况，同步督查管理人员履职履责，促进“五有”闭环工作要求落实落地。

二、分层宣传发动，推动警示教育多元化

乌鲁木齐西站紧扣“人人讲安全、个个会应急——畅通生命通道”活动主题，梳理习近平总书记关于安全生产和应急管理的重要论述21条。组织召开专题安委会，由主要领导带头领学，督促全体管理人员深入学习领会习近平总书记关于安全生产重要论述的精髓要义，夯实“时时放心不下”的责任意识，从思想上筑牢履职担当的根基。

利用“早交班、晚闭环”工作会议等时机，集中组织科室、车间、车站管理人员共同观看《畅通生命渠道》《安全生产　责任在肩》《安全月公益片》，以及人身伤亡事故等典型案例教育片4场，覆盖人员117人次。组织管理人员以“谈心得体会、找差距不

专题讲座

安全承诺

主题演讲

足、定补强措施”为主题发言 11 人次。

各车间、车站根据部门班制，充分结合贯穿全年的“安全谁受益，我要保安全”大讨论活动，采取专题学习、主题演讲、交流讨论、现身说法、安全宣誓等形式开展警示教育 49 场 897 人次，实现全员覆盖，全面掀起活动热潮，进一步树牢安全发展理念、提升安全敬畏意识。

三、精准自查反思，推动问题查改一体化

乌鲁木齐西站梳理近 10 年铁路安全事故案例和 2024 年以来车站典型问题，围绕人身安全、接发车、调车三个核心，通过对事故多发时段、类别、诱因等因素的梳理，制定专题 PPT，由主管领导组织开展专题讲座，督促专业科室、车间、车站在摸清铁路安全客观规律的前提下，结合本部门 2024 年以来发生的典型问题，做到对标对表、对号入座、对照自查。

围绕铁路安全工作新理念新策略新方法，通过“两违陋习大家谈”“安全风险大讨论”等形式，集中开展安全反思。全面查找安全责任、安全措施、岗位标准、风险防范等方面的短板弱项，溯源倒查安全生产顶层设计、专业管理、执行落实方面存在的履职缺失，实现举一反三、标本兼治。

活动期间，车站研判风险 11 项，排查治理安全隐患 9 项，查摆基础管理、盯控检查、人员素质、干部作风等 6 方面问题 31 件，逐项明确整改措施，做到入库管理、源头治理、复查验证、闭环销号。

四、深化机制运用，推动实效举措常态化

乌鲁木齐西站持续深化推动“五机制一平台”建设与运用，坚持靶向定位工作思路，紧盯现实安全管控，推动事后分析向事前防范转变。充分运用两违五级分析、干部作风倒查、问题通报问责等成熟机制，以岗区为单位划分管控单元 41 个，坚持关键人员 4 必抓、关键时段 5 必查、关键环节 10 必控的靶向盯控模式。

以日闭环、周趋势、月专题为固定链条，滚动循环，深挖问题源头。通过棋盘表的形式，可视化呈现关键岗区、时段、人员及作业环节的管控力量分布。采取色差预警的方式直观展示各管控单元管控效果和受控程度。实施开卷考试与双盲演练相结合的方式，把学练平台从模拟演练升级到“实战”训练中。

活动期间，日均安排靶向盯控 143 人次，日闭环追踪典型问题 14 件，周研判趋势 11 项，下发典型问题专题通报 3 期、干部作风督查通报 2 期，组织双盲演练、疏散逃生 4 场次，开展活动推进专项检查、薄弱站点帮促指导 3 站次，推动“以查促改、以查促学、以查促进”，全面聚焦目标导向，强化安全管控，压实活动成效。

帮促指导

（乌鲁木齐西站　陈　斌）

树牢安全发展理念　守住安全生产底线

中国铁路青藏集团有限公司

为扎实推进 2024 年“安全生产月”活动，格尔木电务段成立以段长、党委书记为组长的“安全生产月”活动领导小组，召开专题研讨会，紧扣“人人讲安全、个个会应急——畅通生命通道”主题，制定“安全生产月”活动方案，下发任务清单，围绕“三道问题”，着手“两项措施”，共建“一个目标”，部署推进“安全生产月”活动。

一、三个问题，直切主题

第一问：讲什么安全？格尔木电务段把贯彻习近平总书记关于安全生产的重要论述作为根本指导。一是在全段范围内开展学习宣贯，组织全员观看安全生产月主题宣传片、《安全生产　责任在肩》警示教育片、事故警示教育片和典型案例解析片，使干部职工充分理解安全的意义，深刻体会安全重要性。二是通过安全例会、安全分析会组织开展“安全生产大家谈”“安全风险大讨论”，树立全员安全意识，让安全意识入心入脑，落地生根。三是领导干部下现场盯控作业期间，组织车间、工区学习各种事故案例，“以案普法”；开展“两违陋习大家谈”，深刻反思，查摆问题，潜移默化地将安全意识转化到实践中，达到“思想行为协调统一”。四是联合格尔木车务段，组织干部职工参观学习格尔木车务段安全警示教育室，通过不同场景，不同案例，相互交流，加强警示，筑牢安全底线。

第二问：应什么急？“9·21”事故一直是悬在大家头顶的“达摩克利斯之剑”，格尔木电务段对标“9·21”事故，查找原因，补强不足，防微杜渐。本着“不以演为手段，而以练为宗旨”的要求，达到“重点在于练”的目的，切实掌握应急处置方法。本着“四不两随”（即“不限时间、不限项目、不通知，不预告”，“随时启动、随时开展”）的原则，先后组织开展消防、反恐、防洪、非正常人工接发列车、单项设备故障等应急演练 95 次。其中段组织开展 6 次，车间组织开展 89 次，覆盖 10 个车间、580 余人次。通过及时总结演练中存在的问题，持续优化演练方案，改进演练方法，提高演练效果。

第三问：畅通什么生命通道？格尔木电务段通过融媒体、公众号等媒介，向全段干部职工讲解生命通道标识的含义、识别方法及保持通道畅通的必要性；组织学习近期各类火灾事故案例，普及消防知识、逃生方法，使人人懂得自救，防患于未然；组织职工书

电务施工作业前进行挂图布置

日常维修作业

写安全标语、张贴警示，时存敬畏之心；开展避险逃生演练和避险逃生知识竞答活动，使职工熟悉疏散线路，掌握逃生方法，提升应急能力；开展消防安全隐患专项排查，重点对办公区、职工宿舍、食堂等重点区域用电，公共场所电动车停放、充电，消防器材，消防通道进行排查，发现问题 21 条，落实整改 21 条。

二、两项措施，时常落实

随着格库扩能改造施工的全面开展，格尔木电务段以“施工管理规范年”为抓手，结合现场实际，下发《施工监督检查制度》及格库线施工风险隐患库，制定施工配合监督手册，将各项措施落实、落细。一是施工配合要落实到人。施工配合人员现场采用“挂图盯控施工”的方式进行施工监督检查。施工配合负责人召开班前会时，在白板上张挂站场信号平面布置图，根据当日工作内容，研判安全风险点，用红、黄、蓝三色分别对应“高、中、低”三级风险，在施工配合区域中标注风险，并按设备间线路、组合排（架）划分盯控区域，合理安排施工盯控人员。分工明确后，双方“点指画字”，实行签认制度。二是施工风险要研判到位。段成立格库线扩能改造施工配合监督检查领导组，每日召开施工交接会议，汇总当日施工盯控中存在的问题，制定相应的安全卡控措施；根据次日施工内容，研判安全风险点，安排施工盯控人，确认盯控重点。本着发现问题，处理问题的原则、将安全隐患消灭在萌芽状态。

三、一个目标，持续推进

安全生产是一个单位永恒的目标。格尔木电务段牢牢把握安全生产的总目标，谋长久之策，固根本之举。通过召开安全对话会，分析典型问题，约谈重点问题，反听内视，弃旧图新，不断吸取经验，改进方法；开展重大事故隐患专项排查活动，发现隐患 14 件，整治 14 件。截至 6 月中旬，段管内未发生人身、行车事故，发生行车设备故障 1 件，同比 2023 年减少 10 件，降幅 91%，安全形势持续向好，安全目标稳步向前。

安全生产不是空话，安全问题更无小事。保安全，才能促生产，必须牢牢守住安全这根红线不动摇。安全不应该仅仅停留在口头上、规章中、文件里，必须渗透在思想上，落实到作业中，印刻在意识里。安全生产需要持之以恒，常抓不懈。格尔木电务段将以“安全生产月”活动为契机，抓牢、抓实、抓细安全生产工作，夯实安全根基，筑牢安全底线，共建安全堡垒。

（格尔木电务段　张虎雄　张何宗）

电务隐蔽工程施工

构建全员联动态势　提升安全工作质效

中国铁路上海局集团有限公司

上海局集团公司芜湖工务段紧扣全国第23个安全生产月“人人讲安全、个个会应急——畅通生命通道”主题，以上下协作、群策群力的联动态势，努力将宣传教育引导、安全风险防控、现实安全等工作抓细抓实，促进了安全工作水平的稳步提升。

一、在教育引导上多级联动，稳步提升安全责任意识

1. 多措并举，营造氛围。结合实际制定下发了《芜湖工务段关于开展2024年“安全生产月”活动的通知》，段党政主要负责人进行专题部署，细化明确16项重点工作任务和42项重点要求，倒排时间节点，督办推进落实。6月4日起围绕“安全生产月”活动主题，先后印发消防隐患检查手册、施工管理口袋书、单岗作业提示卡等1000余份。制作了鲜明的宣传横幅26副，各车间、班组通过宣传橱窗、电子显示屏对“安全生产月”活动进行全面宣传，绘制宣传板报21块。对作业现场涌现出的先进典型人物通过微信公众号进行宣传，迅速形成全员参与的良好氛围。

2. 精心筹划，专题部署。利用专题月度例会的形式，段主要领导亲自组织段领导班子成员、各科室负责人及各车间管理和专业技术人员、工班长认真学习贯彻习近平总书记关于安全生产和应急管理的重要论述，以及对铁路工作的重要指示批示精神。对《安全生产法》《普速铁路工务安全规则》开展再传达、再学习和再宣讲，传达通报典型事故案例，学习安全生产规章制度，迅速形成领导人员带头讲安全、专题讲安全的良好活动氛围。组织党委中心组（扩大）学习，党委书记、段长，各车间党政负责人，就如何履行安全生产第一责任人职责进行专题学习研讨。召开专题例会，部署安全生产治本攻坚行动，对“十大行动”、99项重点任务清单逐项进行安排，制定下发专项工作方案，建立工作清单，明确牵头部门和落实时限。

3. 分层学习，逐级反思。段成立10个分工包保组，由主要领导亲自负责，其他副职分工包保，利用日常检查、包保指导、专题验收等形式在全段自主开展“居安思危、防松破满”安全生产百日攻坚活动。同步组织“稳抓生产、狠抓安全”专题反思，车间班组利用月度例会、专题会议契机，组织干部职工进行“安全生产大家谈”“以案普法”等形式多样的警示教育活动，认真吸取全国、全路近期和同期安全生产方面出现的事故教训。全段先后组织召开车间专题会26场、班组专题会106场，干部职工撰写心得体会、反思材料200余份，

进行隧道裂纹病害整治

开展爱路护路安全宣传

开展消防逃生应急演练

结合防洪、防胀、防火等重点工作，排查整治“生命通道”安全隐患24处，组织职工绘制逃生路线图35张，并对电梯设备进行集中维保。

二、在关口前移上多措并举，全面构建安全防控屏障

1. 双重预防，强化风险隐患排查治理。学习贯彻落实《国铁集团安委会办公室关于学好用好重大事故隐患判定标准的通知》，将重大事故隐患判定标准纳入段安全生产教育和培训计划，编制培训大纲、考核标准和考试题库，加强风险隐患、安全信息、事故故障等关联分析。常态化抓好风险研判管控和隐患排查治理“两个关键环节”，对31项安全风险进行“再分析、再研判”，制定完善主要预防控制措施43条。通过重点隐患挂牌督办整治，保障隐患整治“五要素”全部到位，确保整治工作取得实效。在强化机制运作的同时，狠抓奖惩正反面激励考核，“安全生产月”活动开展以来，对2起车间管理问题进行干部履职督查问责，兑现防止事故奖励34件，累计兑现奖励近两万元。

2. 应急演练，强化突发情况有备无患。迅速转变应急管理观念，从被动处置向主动预防发展，健全临灾预警“叫应”机制和路地联动救援体系。持续加强调度指挥中心建设，组织调度员应急指挥专项培训，发挥远程视频监控技防手段，持续规范信息传递、远程登销记等关键环节，加强应急处置过程中的专业指导和技术支持。梳理10年以来全段发生的典型事故案例，复盘分析应急处置过程中的短板弱项，修订各场景应急预案6份，完善列车禁停区段、无人机航拍影像等基础资料24项。开展大学习、大演练活动，围绕人身伤害、避险逃生、应急救援等场景，推进不预先告知演练时间与地点、不预先告知事件类型的“双盲”演练，深化应急处置标准化规范化建设。

三、在现实安全上多点发力，稳步提升安全管控能力

1. 卡控施工安全关键。6月，正值大中修全力攻坚时期，全段上下牢固树立施工安全法制思维，把施工作为最大短板、最大风险盯紧盯牢，以落实施工管理八项制度为中心，以整治施工管理三大顽疾为重点，分项目、分难度对施工方预案模板进行再梳理、再完善，推进施工网格化管理落到实处。段安全科固化自管施工作业专项检查工作模式，坚持每月对段管工程、大中修施工开展专项检查，提炼好

职工驾驶双轨探伤仪探查钢轨

的做法、梳理典型问题、明确整改措施。先后下发了3期自管施工作业专项检查情况通报，督促现场点对点定好整改措施，面对面抓好整改落实，全面规范组织实施流程标准，盯控施工负责人、把关干部及防护员认真履责。此外，根据挖掘机、小型养路机械大面积投入使用的实际情况，前置研判风险、细化管控措施，明确施工机械使用管理要求。

2. 卡控劳动安全关键。安全生产月期间，坚持劳动人身安全警示教育与重点工作同推进，围绕工务系统劳动安全关键，先后修订完善了安全管理实施细则和上道作业防护管理办法，明确芜湖长江大桥特殊场景专项防护、防止上错道短路铜导线辅助股道确认要求。全段上下严格执行“全天窗”制度，落实横越线路“三位”密码联控，慎重审批点外计划，加强特殊上道作业方案审查，督促严格干部把关和关门式防护制度执行。同步迅速开展违章使用手机、“全天窗”制度执行不严、随意横越线路等5项主观故意违章整治，做到典型问题发现即通报、通报必对话、对话严考核，以更高的标准、更严的举措，扭转现场管理“宽松软”的不利局面。

3. 卡控路外安全关键。梳理近三年段管内路伤、行人挡道历史数据，分析建立重点管控处所台账，对全段23处列车接近报警器进行优化设置，组织召开路外安全管理专题分析会，剖析路外安全管理存在的突出问题及防控措施。5月26日前夕，段联合上海铁路公安局、绩溪县人民政府、绩溪县公安局、绩溪县交通运输局开展“5·26我爱路”暨“少年儿童铁路平安行动”路外安全宣传活动，通过安全宣讲、观看安全警示教育片、现场随机提问、小游戏互动、解读路外安全宣传展板、发放安全宣传资料等方式面对面开展“五进”宣传，向沿线居民、小学生普及铁路安全知识。安全生产月以来，开展入户式宣传120余户、下发隐患告知书216份，发放宣传手册、折页、海报等1900余份，提高沿线居民爱路护路意识，为凝聚路地共保铁路运输大动脉安全畅通营造良好环境。

4. 卡控沿线环境关键。促点成线持续开展高铁沿线环境管理示范段创建，适时开展包括“半年度沿线环境安全专项整治”“硬质飘浮物排查整治”等在内的五项沿线安全环境专项活动，排查整治隐患问题140余件。同时，段始终坚持隐患当下治与长久立相结合，全面梳理多发问题和易反复地段资料，实施精细化管理和系统化整治。2024年以来，积极与段管内35个县区级政府、155个乡镇级政府对接，参加路地联席会议17场次，安装“双段长”公示牌762块，绘制路地联合巡查590张，开展一级段长联合巡查31次，二级段长联合巡查72次。在路地联防联控机制运作上，段会同兄弟部门在新建池黄高铁率先建立“‘双段长’1+3”（“双段长”+线路巡防+义务巡防+护路联防）沿线环境管控新模式，凝聚了地方基层一线资源，打通了铁路沿线安全环境治理工作路地联动、群防群治的“最后一公里”，营造了“人民铁路人民护，护好铁路为人民”的良好风尚。

进行钢轨打磨作业

开展桥梁隐患排查

（芜湖工务段　徐　杰）

路地联动凝聚共识　聚力共保铁路安全

中国铁路南宁局集团有限公司

为深入贯彻落实习近平总书记关于安全生产的重要论述和对铁路工作的重要指示批示精神，进一步凝聚安全发展共识，牢固树立“人民至上、生命至上”的发展理念，南宁局集团公司紧紧围绕“人人讲安全、个个会应急——畅通生命通道”主题，各部门、单位协同配合，经过精心安排部署，实现多方联动开展消防应急演练及安全宣传“五进”工作，进一步扩大“畅通生命通道”和平安铁路建设的宣传面、影响力。

介绍灭火器使用方法

启动仪式现场

一、多方联动，取得良好社会效应

2024 年 6 月 14 日，组织“6・16”安全宣传咨询日活动，联动自治区交通运输厅、广州铁路监督管理局、南宁铁路运输检察分院、梧州市铁路护路办、万秀区委政法委、梧州车务段、玉林工务段、南宁供电段等 15 家路地单位，在万秀区夏郢镇凤凰村开展广西壮族自治区“安全生产月”暨“全员查隐患，聚力保平安”铁路安全宣传进企业活动启动仪式，为各地开展大型路地联动宣传打标立样，以设置宣传展板、播放宣传视频、发放宣传资料等形式，融合推进路外安全、消防安全宣传，取得良好社会效应。

钦州地区联合消防开展应急演练

大仓库厂房灭火救援联合演练

二、点面结合，扎实开展消防应急演练

6月以来，南宁、钦州、柳州、玉林地区相关铁路单位积极联合地方消防部门、机构开展联合应急演练，在提升自身应急处置能力的同时，也进一步促进路地协同应急的默契。截至6月中旬，各单位累计组织开展逃生演练182场次，参与演练人数3854人，排查整治占用堵塞“生命通道”隐患问题65件，通过设立安全宣传咨询台开展职工、群众“畅通生命通道”宣传教育2061人次。

安全宣传进学校

三、正反兼顾，广泛开展“五进”宣教

集团公司以96116铁路灾害应急电话受理范围和举报获奖案（事）例为主要内容，并依照《铁路安全管理条例》中相关禁止性行为，制作爱路护路微视频9个，有效发挥案例警示震慑效应。按照制定的《广西壮族自治区2024年“安全生产月”铁路安全宣传活动方案》，于6月11日至14日组织14个市护路办、29个县护路办联动16个铁路站段、33个车间，在沿线24所学校、22个社区、14个村屯、27家企业开展集中宣传。6月以来，路地单位深入铁路沿线101个村屯（社区）、122所学校、61家企业开展宣传活动，覆盖师生、群众约7.5万人次。

安全宣传进社区

（南宁局集团公司　孙明智　丘仕强　黄东亮）

安全同行　青春筑梦　广铁青年在行动

中国铁路广州局集团有限公司

今年6月是第23个全国“安全生产月”，主题是“人人讲安全、个个会应急——畅通生命通道”。在这个特殊的时刻，广铁青年们肩负起了传承安全文化、提升职业素养、守护铁路安全的神圣使命，他们紧扣活动主题开展了形式多样的活动，积极投身于这场安全与责任的双向奔赴，旨在切实提高安全生产意识、全面吹响安全号角、营造浓厚安全氛围，为现代化广铁安全保障体系建设贡献自己的青春力量！

一、强化安全意识，筑牢思想防线

安全是铁路的生命线，是我们不懈追求的目标。广铁青年们通过参加安全知识竞赛、观看安全教育影片、参与安全大家谈等活动，深入学习安全生产法律法规，牢固树立“安全第一”的理念。他们用实际行动诠释着对安全的敬畏，将安全意识内化于心、外化于行，确保每一位旅客的平安出行。

肇庆车务段积极组织青年们上专题团课，深入学习习近平总书记关于安全生产的重要论述，开展消防安全警示教育，引导团员青年们筑牢安全意识。

广州客运段组织开展安全主题宣讲、安全座谈会等活动，促进团员青年落实“两纪一化”标准，强化列车安全巡视和宣传，确保安全理念入脑入心。

专题团课

安全大家谈

二、提升职业技能，锻造过硬本领

精湛的职业技能是保障铁路安全运行的基石。广铁青年在师傅们的指导下，刻苦钻研业务知识，积极参与岗位技能比武，不断提高自身的专业水平。他们通过模拟演练、应急处置比赛等形式，锤炼实战能力，确保在关键时刻能够迅速、准确响应，为铁路的安全稳定贡献青春力量。

长沙高铁工务段结合汛期特点，围绕线路检查、钢轨探伤等14个项点，组织团员青年开展实作技能竞赛，不断提升大家的职业技能和应急处置能力。

广州北车辆段组织5名青年岗位能手以一对一“师带徒”形式开展“传、帮、带”，使新进员工尽快掌握各项技能和专业知识，确保安全生产持续稳定。

三、开展爱路护路宣传，筑牢铁路安全防线

爱路护路，人人有责。广铁青年们走进社区、学校，

岗位练兵

实作技能竞赛

用生动的案例和通俗的语言，向公众普及铁路安全知识，提高群众的爱路护路意识。通过发放安全宣传册、开展安全知识问答等活动，营造浓厚的安全氛围，让公众了解铁路、爱护铁路，共同维护铁路安全。

海口机辆轮渡段团员青年们组成宣讲小分队，走进湛海线、西环货线等4所中小学，开展“知路爱路护路、共筑平安铁路”进校园主题活动，给学生们普及铁路安全知识，积极引导学生们增强爱路护路意识。

海口房建公寓段团员青年深入沿线学校、社区、村庄开展“五进”宣传活动，通过参观铁路博物馆漫画讲解、模型演示、情景沙盘、互动游戏等趣味形式，为铁路沿线学校师生、居民们呈现了一场场铁路文化盛宴。

娄底工务段组织青年志愿者到铁路沿线中小学开展“知路爱路护路·共筑平安铁路”宣传活动，通过开展铁路安全知识宣讲、有奖知识问答等方式，营造浓厚的爱路护路氛围，进一步筑牢路外安全防线。

在今年的安全生产月中，广铁青年们以饱满的热情和坚定的信念，展现了新时代青年的风采和担当。我们相信，通过我们的共同努力，一定能够让安全成为铁路发展的最强音，让青春之花在安全的土壤中绽放得更加绚丽多彩。

让我们携手，用青春的活力和智慧，为铁路的安全生产添砖加瓦，为旅客的平安旅程保驾护航。安全同行，青春筑梦，广铁青年在行动！

（广州局集团公司　曾凡辉）

“五进”宣传活动

实施“六个一”活动　深化安全文化建设

中铁特货物流股份有限公司

中铁特货公司认真贯彻落实《国铁集团安委会办公室关于做好2024年全国“安全生产月”活动的通知》部署要求，坚持将“持之以恒培育安全文化，广泛普及安全知识”的要求作为特货公司安全管理重点工作，通过“安全生产月”活动全面推进公司安全文化品牌建设。中铁特货成都分公司在历年持续推动企业文化建设的基础上，坚持以安全文化建设为核心，持续巩固、拓展安全理念，深入推进安全文化建设各项载体和活动，不断提升安全管理的文化含量，提高安全管理的有效性，确保运输安全生产持续稳定、长治久安，促进分公司安全、高质量发展。

一、牢牢把握安全文化建设的意义、本质和功能

作为企业文化建设的重要组成部分，中铁特货成都分公司始终将安全文化建设纳入每年的党总支1号文件，持续探索推进落实。当前，深化分公司安全文化建设，需要进一步统一员工思想认识，牢牢把握安全文化建设的重要意义、内涵本质、主要功能。

1. 牢牢把握安全文化建设的重要意义。深化安全文化建设，进一步运用文化的手段，发挥文化的广泛渗透力和影响力，有利于强化员工“安全第一，万无一失”的思想意识，增强“时时放心不下，事事心中有底”的安全责任感，形成“人人重视安全、人人确保安全”的价值理念认同；有利于提高全员安全素质，使员工的安全意识在潜移默化中形成“要我安全”向“我要安全”转变、向“主动预防、超前防范、源头治理”转变，使安全管理更加规范化、标准化、科学化，推动安全基础建设三年行动方案落实落地；有利于规范本质安全管理，贴近员工生产生活，体现人文关怀，引导员工正确认识以人为本与安全管理的辩证关系，自觉接受安全管理。

2. 牢牢把握安全文化建设的内涵本质。安全文化是在长期的安全生产实践中逐步形成和培育塑造的，具有鲜明的行业特色，为广大员工普遍认同、遵循和接受的，以安全价值观为核心的安全思想意识、安全道德规范、安全管理理念、安全行为准则的总和。主要包括：组织机构、规章制度、作业标准、落实机制等员工共同理解、自觉践行的安全制度文化；思维方式、行为准则、道德观和价值观等积淀于广大员工心灵深处的安全精神文化；司容部貌、职场环境等见之于形、闻之于声的安全环境文化。安全文化建设的本质在于培养安全理念，树立正确的安全价值观。

3. 牢牢把握安全文化建设的主要功能。文化作为一种精神力量，具备凝聚导向、激励约束、协调融合等功能，安全文化同样如此。在凝聚导向功能方面，通过坚持“安全第一”“人民至上，生命至上”，树立共同安全价值理念，把员工的思想和行动统一到安全生产的总体目标上，为安全生产提供正确的指导思想和精神力量。在激励约束功能方面，通过安全文化理念的形成，启发员工安全生产的自觉性，激发安全生产的活力和创造力，引导员工加深对安全规章制度的理解和认识，自觉规范安全行为。在协调融合功能方面，通过潜移默化的安全文化教育和环境影响，创造平等、互敬、互爱的人际关系和良好的安全工作环境，使个体自然融合于群体之中，把保证安全生产真正内化为员工的内在需求、人生觉悟和自觉行为。

二、全面推进安全文化建设“六个一”活动

安全文化建设具有灵活多样的形式和载体。成都分公司在具备较良好的职场环境的基础上，结合实际开展“六个一”活动，对于深化分公司安全文化建设、提升安全管理的有效性具有更加深刻的现实意义。

1. 开展一次“我的安全理念”培育活动。安全文化建设的本质在于培养安全理念。通过安全理念的提炼培育和宣传教育，形成能潜移默化地影响、教育、引导、激励员工的有效载体，凝聚安全生产的共识，进一步增强对“安全第一”共同价值观和“预防为主”理念的认同感，增强做好安全工作的积极性、主动性、创造性。将在分公司全体员工中开展“我的安全理念”培育活动，围绕“安全第一”的共同价值观和“预防为主”“万无一失”“变风险点为安全点”“安全就要听风就是雨”“管安全不能当好人，要做‘恶人’”等理念，立足自身实际，提炼培育各具特点的经营部安全理念、个人安全精神，并以宣传牌、宣传标语等形式在公共场所悬挂，广泛深入地开展安全价值理念宣传教育。

2. 开展一次安全知识竞赛。开展安全知识竞赛，旨在通过寓教于乐的方式，深化员工对安全知识的学习、理解和掌握，提升应对突发事件的能力。采用线上答题与线下实践相结合的方式，组织学习《安全生产法》《消防法》《道路交通安全法》，以及特货公司商品汽车、大件、冷链等业务方面的安全知识，牢牢掌握分公司《安全、业务应知应会手册》等内容，让员工在轻松愉快的氛围中学习安全知识，提高自我防范能力，全面提升安全素养。

中铁特货成都分公司文化墙

3. 开展一次安全工作反思会。开展安全工作反思会，旨在通过对隐患、事故的反思和总结，使相关人员认识到事故的危害性和安全的重要性，提高安全意识；通过对隐患和事故的分析，发现安全管理制度和操作规程中存在的问题，进一步完善相关规定；通过制定针对性的预防措施，防止类似事故再次发生。分公司认真整理近五年来发现的安全隐患和突出问题，结合特货公司《关于十年来特货物流安全情况的分析反思》，组织物流供应商、装卸车作业队伍等人员一并召开安全工作反思会，做到真反思、真触动、真整改、真落实，通过反思找差距、补短板、强弱项、夯基础、保安全、促发展。

4. 提炼一次生产一线主要岗位安全标准化作业口诀。开展提炼生产一线主要岗位安全标准化作业口诀活动，旨在为员工提供最基本、最简明、最有效的岗位安全标准化作业规范，做到学懂、记牢、会做，从而规范安全行为，养成安全习惯，提高安全素质，落实作业标准。根据特货公司的有关制度办法，以及分公司《安全、业务应知应会手册》、标准化作业视频拍摄脚本，针对本部门、本专业的生产一线主要岗位，本着精练、实用、易记的原则，对主要作业岗位

开展“人人讲安全、个个会应急——畅通生命通道”应急演练

至少提炼一条岗位安全标准化作业口诀，由相关部门对岗位安全标准化作业口诀进行集中讨论、修改、完善、定稿、汇总，组织员工学习推广。

5. 开展一次安全摄影作品创作活动。开展安全摄影作品创作活动，旨在通过拍摄记录的方式，充分展现分公司员工在安全生产、科技创新、标准化作业等多方面取得的突出成绩，拓宽展示分公司安全发展成效、员工队伍安全生产亮丽风采的载体和平台。结合特货公司工会《关于举办 2024 年“中国梦 • 铁路情 • 劳动美”系列员工文化活动的通知》中关于举办“特货好照片”评选活动的要求，认真组织员工开展安全摄影作品创作活动。

6. 开展一本安全文化手册出版活动。安全文化手册是展示企业安全文化建设成果，提炼与凝结企业安全理念的重要形式。在前期各项安全文化建设取得成效的基础上，进一步深入调研和收集资料，梳理分公司安全文化的历史脉络、核心理念和实践成果，出版一本安全文化手册，从而将这些内容以生动易懂的方式呈现，便于员工学习和应用，进一步拓展分公司安全文化的深度和广度，提高员工的安全意识和安全素质，为推动分公司安全、高质量发展提供文化支撑。

三、党政工团各级组织齐抓共干、合力共为

安全文化建设是一项涉及党政工团各级组织共同推进、职能与生产部门共同落实、全体员工共同参与的活动项目，不是个别部门单打独斗能够完成的。为此，需要统筹分公司各组织、各部门的力量，形成齐抓共干的局面。

开展“查思想、反两违、严纪律、落标准、保安全”安全工作反思会

1. 建立健全安全文化建设工作体系。分公司成立安全文化建设工作领导小组，由总经理、党总支书记任组长，分管安全工作的副总经理任常务副组长，其他副总经理任副组长。组员由各部门负责人构成，办公室设在运输安全部，形成党政共同负责，党群工作部、运输安全部组织协调，其他职能部门、业务部门、经营部具体落实，工会、共青团组织发挥作用并承办部分项目，员工广泛参与的工作格局，共同推进安全文化建设。

2. 坚持安全管理与安全文化建设有机融合。安全文化建设的目的在于提升安全管理的有效性，两者不可分割。在推进安全文化建设过程中，将牢牢把握分公司安全生产的指导思想、奋斗目标和重点工作任务，将深入推进分公司本质安全管理、安全基础建设三年行动、安全隐患排查整治、安全生产治本攻坚三年行动与加强安全文化建设有机融合、同步推进，坚决避免出现“两张皮”现象，不断提升安全管理的文化含量，提高安全管理的有效性，促进安全生产持续稳定、长治久安。

3. 各组织合力共为。调动各组织的力量，全力推进安全文化建设。分公司各党支部在强化“四强”党支部创建活动中，将安全文化建设作为一项重要的载体和抓手，发挥党组织的战斗堡垒作用和党员的先锋模范作用。工会广泛开展“安康杯”竞赛、安全文艺创作、演出等形式多样的群众性安全文化活动，承办安全摄影活动，增长安全知识，增强安全意识。团支部立足岗位建功立业行动，广泛开展青年学技练功、“青创大赛”等活动，承办安全知识竞赛活动，激发团员青年在安全文化建设中的工作激情和创造才能，提高青年员工保安全的技能。融媒体相关的信息宣传员、摄影小组成员等，充分运用通稿、摄影等文学艺术形式，多角度地反映员工在安全生产中的生动实践，充分展示员工安全生产的精神风貌，引导员工自觉规范安全行为。各经营部还可同时开展安全承诺、亲情寄语和家属保安全活动，形成群体保安全的良好氛围。

4. 强化示范引领。在推进安全文化建设的过程中，将结合实际，突出特点，打造特色，不断创新创造安全文化建设的工作成效。对于安全文化建设成效突出的经营部，分公司将通过召开安全文化座谈会、经验交流会等形式，及时总结推广经验成效，不断加强分公司安全文化建设的示范引领作用，推动安全文化建设深化发展。

安全文化建设是一项长期的实践过程，不可能一蹴而就。成都分公司将坚持“积跬步、迈大步”，不断在实践中探索和丰富安全文化建设的载体和形式，积累安全文化建设的成效，推动安全管理与安全文化建设相辅相成，推动分公司安全、高质量发展。

（成都分公司　朱莹辉　欧　毅）

以“安全生产月”活动为契机
推动全员用好安全双重预防机制

中国铁路太原局集团有限公司

构建安全风险分级管控和隐患排查治理双重预防机制，是准确把握安全生产特点和规律，坚持安全关口前移、源头治理、超前防范的重要举措。在第 23 个全国“安全生产月”开展之际，太原局集团公司采取多种形式推动全员学习运用安全双重预防机制，提升由防止事故向超前防控风险转变的工作本领。

一、开展风险学习，强化全员安全风险意识

1. 开展岗位风险学习。集团公司在各操作技能岗位建立岗位风险清单，明确每个岗位需要重点管控的风险，确保所有风险有人管、有人控。安全生产月期间，组织操作技能岗位人员对本岗位风险清单进行再学习，做到人人清楚风险主要致因、可能造成的后果和管控措施，熟知较大及以上风险管控具体规定。管理和技术岗位人员对标安全职责，检视本岗位风险管控措施是否有针对性和操作性。各单位主要负责人再次学习《安全生产法》第二十一条中关于主要负责人“组织建立并落实安全风险分级管控和隐患排查治理双重预防工作机制”的法定职责。湖东车辆段将 341 个作业岗位的安全责任和岗位风险内容制作成岗位风险明示卡，并印刷了 1200 余份配发至所有作业岗位。侯马北车辆段针对岗位风险清单各要素，制作图文并茂的管控卡在各岗位明示，形成人人知风险明责任的浓厚氛围。

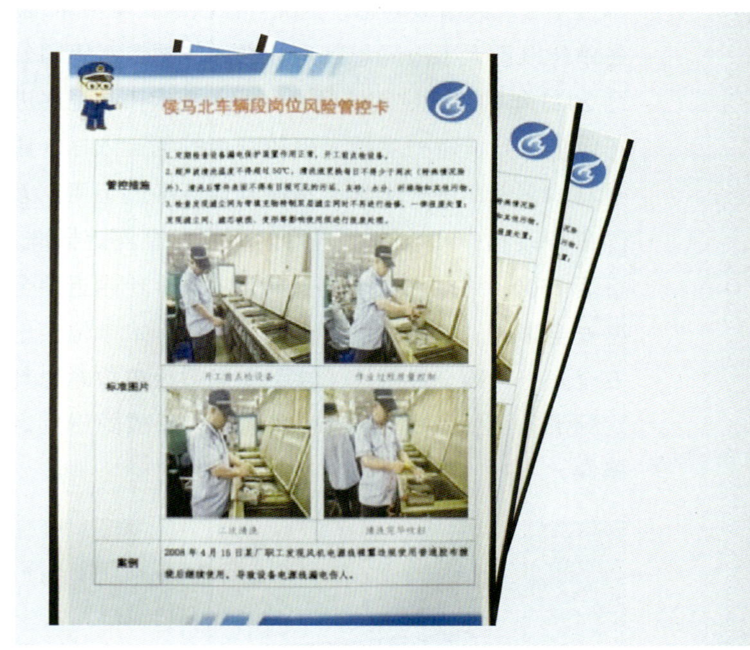

侯马北车辆段岗位风险管控卡

2. 开展风险案例学习。集团公司以站段为单位，针对较大及以上风险，对应梳理本单位或全局、全路乃至国内外典型事故案例，通过这些具体生动的案例，剖析隐藏的相关风险，从而加深对风险的认知和理解。对照事故暴露问题及整改措施，深刻反思隐患成因，举一反三查摆安全责任、安全措施、岗位标准、风险防范等方面的短板弱项和风险管控失效根源，针对性研判安全风险点，完善分层管控措施，形成细化实化超前防范的制度措施。太原车务段梳理全路、全局、全段各类典型事故案例 100 余件，组织全段干部职工深入学习，60 余名三新人

员在段安全警示教育室接受了岗前警示教育专题培训，各科室、车站累计开展安全专题警示教育 90 余次。

二、加强标准宣贯，鼓励全员排查安全隐患

1. 开展重大事故隐患判定标准宣贯。集团公司各单位采取安全知识宣讲、业务技能竞赛、岗位练兵、业务学习等形式，组织开展重大事故隐患判定标准宣贯学习，学好用好重大事故隐患判定标准，全面排查整治重大事故隐患，坚决守住铁路安全生命线。各单位以重大事故隐患判定标准为依据，对集团公司 2023 年排查确定的涉及本专业的重大事故隐患进行复盘，分析每一项重大事故隐患的判定依据。通过具体案例，进一步学习掌握判定标准的运用。大同车务段制作《铁路交通重大事故隐患判定标准》折页 1500 余份，发放给各级管理干部，结合近期全路安全事故、集团公司安全典型问题、本单位突出安全隐患，给全段解读《铁路交通重大事故隐患判定标准》，让干部职工精准把握重大事故隐患判定条件。

大同车务段开展重大事故隐患判定标准宣贯

2. 发动全员排查安全隐患。集团公司开发手机 App，开展“金点子征集活动，”鼓励干部职工将发现的安全隐患，通过手机“随手拍”直报集团公司。集团公司根据问题质量进行奖励，其中一等奖 1000 元、二等奖 500 元、三等奖 200 元。安全生产月期间，干部职工深入排查安全隐患和“三违”问题，通过手机“随手拍”报告隐患 135 件。集团公司对发现隐患防止事故有功人员进行重奖快奖，共计 68 件。集团公司机关各部门紧盯安全关键，深入现场排查隐患 606 件。太原电务段对职工在监测分析、日常检修、施工等作业中发现并积极盯控处置的防患于未然人员，按照“范围广、额度小、不追责”的原则给予奖励，6 月 1 日以来，发现并处理隐患 26 件，奖励 104 人次。

发动全员排查安全隐患

三、突出文化建设，营造全员参与浓厚氛围

1. 开展“安全风险我来讲”。集团公司各单位以班组为单位，围绕本班组涉及的安全风险，每人至少选择其中一项风险，结合自身体会给大家讲风险主要致因、可能导致的后果，以及管控措施和应急处置，分享各自经历的险事悬事。通过面对面的交流，让大家对风险有了更进一步的认识。太原客运段南通车队以车队 32 项风险管控清单为重点，突出对列车涉险重大风险应对措施抽问抽查，围绕安全风险，组织职工有感而发、有感而讲、有感而悟，通过人人反思、感悟、讲规、讲身边的案例，进一步增强职工防范安全风险的意识。

太原客运段开展“安全风险我来讲”

2. 开展全员答题活动竞赛。6月10日至14日，集团公司工会、安全监察室联合举办“安全生产月全员网络答题竞赛”，竞赛内容涵盖习近平总书记关于安全生产的重要论述、安全生产法律法规、安全双重预防机制、铁路交通重大事故隐患判定标准等与铁路安全密切相关的法律法规和制度办法，突出双重预防机制在铁路实际工作中的应用，有效激发了干部职工学习兴趣。全局共计61259人参与答题，其中1480人获得满分。集团公司工会，为获得优胜奖的前1000名每人颁发了一份精美奖品。通过竞赛答题，干部职工对双重预防机制有了进一步认识，为下一步更好推动双重预防机制落地落实奠定了基础。

3. 开展安全漫画创作征集。集团公司组织各单位以动客车上部火灾安全风险、万吨及以上大列操纵安全风险等集团公司确定的“十二大安全关键”为主题，发动有绘画特长的职工开展漫画创作活动。活动开展以来，共收到漫画作品200余幅，应征作品以漫画特有的幽默表现形式，弘扬安全正能量，鞭挞违章违规陋习，创意新颖、寓意深刻、富有哲理，既有很强的警示意义，又有一定的思想性和观赏性。集团公司通过微信公众号将漫画作品向全局推送，通过通俗易懂、喜闻乐见的形式，让干部职工更好地学习掌握“十二大安全关键”。

（太原局集团公司　张宏伟）

开展漫画征集活动

（图中所示为错误行为）

传递安全正能量 坚守“安全生产月”活动初心

中国铁路济南局集团有限公司

2024 年 6 月，济南局集团公司济南站根据全国“安全生产月”活动要求，在全站范围内组织开展了一系列安全生产月安全教育、普法宣传及隐患排查治理等工作，活动全过程始终追求“最细致的方案、最妥善的安排、最务实的措施、最满意的结果”，杜绝“认认真真搞形式，扎扎实实走过场”，旨在传递安全正能量，增强全站干部职工安全意识、对生命的敬畏及落实安全责任的内生动力。

一、有方案，活动开展不慌乱

济南站结合车站工作实际，落实“安全生产月”活动要求，详细制定了《济南站安全生产月活动方案》，该方案共计梳理了 14 项重点工作，其中教育培训工作 9 项，隐患排查整治工作 2 项，安全宣传工作 3 项；每项工作部署均明确责任到部门，并细致说明了工作落实要求及效果预期；在活动安排中充分将安全宣传与“列车运行图调整”“济青公交化列车开行”等工作进行有机结合，合理部署工作开展时机，最大程度扩大宣传覆盖面，提升安全宣传效果。6 月，车站组织开展了“‘安全生产月’活动专题部署会”，由各责任部门逐项认领工作，确保每项工作不落空，责任部门责任清。

学习安全生产法律法规

二、学法、守法、用法

6 月 5 日至 6 日两天，济南站举办了“民法典宣传月”专题讲座活动，特邀集团公司企法部对民法典总则、分则进行普法讲解，讲座内容辐射全站所有岗位及人员，并进行全程录像，通过“济站大讲堂”进行宣传教育，供干部职工反复观看学习，巩固宣传效果。讲座对民法典关键条款逐项进行讲解，“以案普法”，通过现实案例向干部职工展示了知法、懂法的重要性和必要性，提升了干部职工学法热情、守法意识和用法常识。

学习重大事故隐患判定标准

做好安全咨询日准备

三、学判定标准，重大隐患全显现

6 月 3 日，济南站在全站范围内组织开展了“学习重大事故隐患判定标准”视频会。会议介绍了重大事故隐患排查整治工作的背景及典型重大事故隐患造成的重特大事故案例，了解了《安全生产法》等法律法规对重大事故隐患排查整治的要求及对不履行重大事故隐患排查整治责任的惩罚。最后，会议组织对《铁路交通重大事故隐患判定标准（试行）》进行了细致学习，车站站长带领全员对照标准及排查整治重点进行自查自省，反思在安全管理、运输组织、标准执行、路外环境及消防等专业隐患排查治理和防灾应急工作方面存在的不足，真正起到了“惊出一身汗，点醒一众人”的效果。除此之外，还从主要负责人、车站领导班子、职能科室、车间中间站和安委会办公室等 5 个层面，对重大事故隐患排查指标及要求进行了学习，严防重大安全事故。

四、坚守底线保安全

为进一步强化红线意识和底线思维，将“不托底的人和事”具象化，济南站组织开展了“安全红线和刚性约束培训学习”活动。梳理集团公司通用红线、车务专业红线与刚性约束条款、客运专业红线与刚性约束条款及消防专业红线与刚性约束条款共计 61 条，研究适用对象，研判易发岗位和人员，研判违反规定的行为，针对性制定了管控措施，真正引导干部职工掌握红线，清楚底线。同时，梳理汇总了近年来发生的事故案例和典型问题，落实安全警示教育，提高干部职工遵守红线、坚守底线的意识。

济南站将持续落实“安全生产月”活动要求，总结经验教训，不断调整工作部署，优化活动组织形式和方法，做好后续的“五进”宣传、“6·16”安全宣传咨询日及“消防应急疏散演练”等活动。

（济南站　王德锴）

聚焦关键问题　实施清单化闭环管控

中国铁路沈阳局集团有限公司

近年来，沈阳局集团公司深入学习贯彻国铁集团关于安全工作的新理念新策略新方法，制定出台了安全关键清单化闭环管控指导意见，聚焦干什么、怎么干、如何干三大关键问题，由防止事故向超前防控风险转变，深入推动安全双重预防机制有效运行。通过明确思想认识、建立工作方法、压实工作责任，有效提升安全风险分级管控水平，切实强化了重大、较大风险防控和重大、突出隐患的治理能力。

一、聚焦“干什么”，明确思路、统一思想

推进实施安全关键清单化闭环管控，核心目的是推动各层级安全责任落实和双重预防水平提升，通过不断增强“防”的能力、压实“防”的责任，有效防控各类“灰犀牛”“黑天鹅”事件，以精细化管理、高水平安全保障集团公司高质量发展。

1. 明确基本遵循。实施安全关键清单化闭环管控，是贯彻落实安全双重预防机制、安全生产责任制的具体举措，是贯彻落实国铁集团、集团公司安全风险分级管控的具体要求，通过不断引领指导基层站段集中精力学好用好抓安全关键的具体手段，解决不同层级人员管不同层级的事，实现安全关键有效受控、安全责任落实到位。

2. 明确目的意义。坚持安全关键精准防控、狠抓细节较真碰硬、逐级复核全员齐动、重抓落实倒逼质量，着力构建站段自控、系统督导、安监监管的管理模式，全力营造守底线、抓重点、控关键、防风险的共保安全氛围，将风险控制在可接受范围内，将隐患消灭在事故发生之前。

3. 明确流程步骤。通过辨识安全关键、完善作业标准、细化检查要求、确定督导任务、建立评价机制五步流程，导出安全关键闭环管控清单、职工安全关键违规行为清单和干部安全关键量化任务清单，着力解决各层级不会干、不想干、不愿干、不敢干的问题。

4. 明确逻辑关系。先确定安全关键项点，再根据项点细研作业标准，接着由干部对标准落实情况进行检查，然后对干部的检查任务完成情况进行督导，最后对干部的履职尽责进行点评。五步流程逐层递进、相互关联、形成闭环。

围绕学标准，运输部组织在长白山站召开高铁标准化现场会

二、聚焦“怎么干”，建立方法、统一步调

通过现场不断实践，安全关键清单化闭环管控主要分五步实施，即辨识安全关键—完善作业标准—细化检查要求—确定督导任务—建立评价机制。形成安全关键闭环管控清单总表后，由业务部细化标准，基层站段、一线车间结合实际补充完善，进而细化职工安全关键违规行为清单和干部安全关键量化任务清单，让职工落实标准、约束行为、不触碰红线，让干部落实责任、防控关键、守住底线。

1. 辨识安全关键。安全关键是指可能引发事故的风险、隐患，包含作业、设备、处所等安全项点，涵盖行车、人身、消防、路外等管理因素。以安全风险分级管控和隐患排查治理双重预防机制为依据，充分考虑安全显性风险（“灰犀牛”）和潜在风险（“黑天鹅”），着重分析人的不安全行为、物的不安全状态、环境和管理的缺陷，开展全员、全过程、全方位和全天候辨识研判。结合 10 年来事故、险情、典型问题，风险库、隐患库、考核库，现实安全变化变点三个主要数据渠道，从集团公司、站段、车间三个层级筛选，即业务部围绕可能引发一般 C 类及以上事故，以及职工群死群伤、列车大面积晚点等情况开展安全关键项点辨识；基层站段围绕可能引发 D 类及以上事故，以及职工伤亡、关键场所火灾等情况开展安全关键项点辨识；一线生产车间围绕可能引发作业事故、险情、变点及职工“红线”行为等开展安全关键项点辨识。对辨识出来的安全关键项点，逐项明确具体明细、关键环节，确定涉及的车间班组，安全关键辨识做到项点具体，既不能大而全也不能丢关键。

围绕防风险，锦州工务段加大高温天气胀轨风险防控力度

2. 完善作业标准。以规章制度为准绳，本着减轻职工作业负担，把有限的精力用在抓现场安全关键控制上的原则，进一步梳理出安全关键项点所对应的作业岗位。在原有作业指导书的基础上，组织专业人员进行研究，进一步完善作业标准，突出关键作业，确定安全关键违规行为，履行相关程序后纳入职工两违考核管理，建立职工安全关键违规行为清单，对安全关键作业标准进行周期性教育培训、达标验收，解决职工“会”的问题；对安全关键违规行为进行周期性“案例教育、处罚讲解、考核通报”，解决职工“怕”的问题，让职工入脑入心、清楚标准、落实关键，切实提升“素质能力和敬畏意识”。

3. 细化检查要求。以落实全员安全生产责任制为主线，针对确定的安全关键项点、对应的关键作业标准，通过合理确定管理周期实施统筹、均衡、覆盖式管控，在周期管理内统筹安排相关管理人员，细化干部“全覆盖检查”要求，具体到检查的“周期、项点、标准、方法、时机”等，落到具体职名、姓名，最终按职名导出干部安全关键量化任务清单。以“确保安全关键不发生问题”为出发点确定管控周期，根据不同作业特点、作业者状况等，综合考虑可能发生的问题、作业者敬畏意识衰减的周期，防止现场随意作业失管到发生问题的边缘，避免现场安全风险隐患久拖不决升级为作业事故，依此确定需要干部检查的周期，避免双休日无人查、月末突击查现象，解决安全关键失管失控问题。通过细化检查要求，制定干部检查项点及标准，明确项点、标准、方法和时机等，干部照单销号检查；通过培训演练、达标验收，使不同背景的干部都能完成同样标准的检查任务，既解决干部“会不会、能不能”的问题，也解决因安全关键管控工作量大而产生“能干活的人少”、干不过来的问题。

4. 确定督导任务。对管理层面干部履职质量、周期管控效果等情况进行跟踪督导，明确督导时机、项点和方法，注意督导的时效性和时机，确保发现问题

还有“亡羊补牢”的机会，最终确保管控周期内有管控。督导态度做到“狠抓细节较真碰硬、逐级复核全员齐动”，站段长、主管副段长、科长、车间主任率先垂范，盯控专门负责督导人员督导过程的质量，等强传递压力，确保履职落责质量。

5. 建立评价机制。各部门、单位对管理范围内干部安全关键管控履职的周期性常态化评价。各级干部是履职评价主体，对日、周、月工作安排实施清单化管理，具体到部门和责任人，按照“日提醒、周点评、月评价”的周期原则，用好“日生产交班会、周安全例会、月安全例会”平台，狠抓细节较真碰硬点评到具体人和具体任务完成的数量、质量。通过建立量化清晰、过程公开、奖惩合理的评价机制，将干部安全关键管控履职的评价结果与经营考核、绩效工资、评先晋升等挂钩，有效发挥干部作用。

围绕落责任，吉林安监大队组织召开区域月度安全生产协调会

三、聚焦“如何干”，压实责任、统一行动

安全关键清单化闭环管控指导意见出台以来，各部门、各单位精心组织实施，主动与国铁集团、集团公司深化铁路安全基础建设三年行动、重大事故隐患专项排查整治行动、构建现代化铁路安全保障体系等任务要求深度融合，着力补短板、强弱项、建机制，对各类风险隐患主动防、主动管、主动治。

1. 层层落实责任。要求各部门、单位主要负责人亲力亲为，务实精准制定安全关键闭环管控清单，确保贴近现场、便于操作。通过干部完成量化任务过程，达到研判风险、发现隐患、实施考核的目的，实现风险库、隐患库、考核库和安全关键项点的动态更新完善，逐级落实安全工作、分级管控安全关键，全过程闭环管理。

2. 加强检查督导。各专业部门、安监室、各安监大队日常加强对各单位安全关键管控落实情况进行检查指导，每半年结合专业对规、标准化评价、安全评估开展综合排序，切实加强安全关键防控能力。集团公司安委会办公室将对各单位安全关键清单化闭环管控运用情况开展自评自查纳入1号文件进行部署要求，通过组织自查自纠、督导检查，及时指导纠偏，补强短板弱项，提升精细化管理水平。

3. 完善配套办法。各部门、单位结合实际进一步细化完善安全关键清单化闭环管控措施，对照安全关键闭环管控清单，结合深化铁路安全基础建设三年行动、现代化安全保障措施梳理，及时修订完善关键作业标准流程、安全关键违规行为、周期教育培训预警、干部履职量化任务、履职督导评价等相关配套制度办法，不断完善本系统、本单位的安全管理体系。同时，深入一线车间、班组，充分征求各方意见，及时了解现场落实存在的重点难点，不断优化方法措施，确保有用、实用、管用；定期组织相关宣贯培训和培训交流会，互学互促、资源共享，确保现场落实取得实效。

沈阳局集团公司不断摸索实践，在推进实施安全关键清单化闭环管控上取得一定成效，但接下来仍需进一步把握好国铁集团安全工作新理念新策略新方法，不断优化工作机制和方法措施，坚持主动预防、超前防范、源头治理，推动由防止事故向超前防控风险转变，坚守铁路列车安全万无一失。

（沈阳局集团公司　卢沛东　秦　建）

狠抓源头治理　坚持科技强站 全面提升风险防控能力

中国铁路北京局集团有限公司

邯郸站坚持以习近平新时代中国特色社会主义思想为指导，认真贯彻落实国铁集团和集团公司各项工作部署，坚持守正创新，稳中求进，统筹安全和发展，围绕“六个现代化体系”，在安全管理、运输经营、科技创新等工作上持续发力，打出一套组合拳，确保了集团公司南大门的安全畅通。

一、加强基础建设，提升风险防控能力

1. 提前“防”。坚持把风险研判作为第一道工序，牢固树立“首次就是变化,变化就是风险”的安全理念，落实极端天气、重点工作会商机制，结合天气、设备、人员变化、环境变化制定管控措施，下发专题预警37期，大风预警36期，确保了SAM、CTC设备改造升级的平稳过渡，以及集中修、节假日、不良天气下作业安全，有效推动“由防止事故向超前防范风险”转变。

2. 从严“管”。以安全生产指挥中心为中心，以“三支力量”为骨干，以“四维卡控”为主要手段，以846个摄像头为支点辐射全站124个岗点，形成“3+4+*N*+*N*”的安全监督检查体系，并增设安全生产指挥中心客货监控值班员4名，围绕“四防四卡控”安全关键，每日零点行动、每班放置“检”字牌、每日指挥中心加岗，实现关键时间、关键岗位、关键作业的全过程管控，全面整治惯性“两违”和群体性违章。

3. 精准“治”。建立安全巡查机制,成立工作专班，每季度对1~3个车间（中间站）开展安全巡查。截至5月底，已巡查5个车间（中间站），共计发现320件问题，召开座谈会听取干部职工诉求45件，均由主管科室督办完成。同时，坚持隐患入库闭环管理，对5月底62件入库隐患，已完成整治销号61件，2024年以来累计新建（修复）作业通道4000余米，标画1.5米安全线86处，更换反光标识332处，协调清理废弃路材路料183根，整治作业环境隐患56件，为现场提供了良好作业环境。

4. 扎实“培”。针对SAM自动化应用和CTC设备动态验证，扎实推进“四新”知识培训，新增SAM和CTC实训设备7套，组织81人次到丰台西、安康东等车站开展“请进来、走出去”研学活动，保障了SAM自动化和CTC动态验证平稳过渡。持续深化职教积分制运用，常态化开展岗位大练兵，2024年以来，举办全员机考、背规对抗赛、擂台赛390人次，人均背规61条，擂主达到307条，一季度平均学分达到10370.75分，最高分为176278分，车站在集团公司各类培训班共计获得优秀学员8人次。

二、畅通南北干线，扩大运输服务能力

1. 坚持深入挖潜，畅通“内循环”。贯彻落实集

节假日旅客运输平稳有序

团公司“腾能力、减空率、提效率”运输组织工作要求，积极适应物流体系转型，建立日、旬、月联系机制，精准掌握邯郸区域各企业、专用线装卸需求、卸车能力，动态优化作业组织方案，实现“接得进、卸得下、排得出”。将机车调度员移入调度大厅，与货运调度员、车站调度员合署办公，精准掌握车流接续、机列衔接、到发线运用，并实施编组站解编作业机车错时交接班，提高解编作业能力和区域性调度指挥能力，确保邯郸南枢纽畅通。

2. 强化功能拓展，服务“外循环”。持续深化编组站服务港口站工作，打造“港城”班列品牌，协调石家庄物流中心、邯郸车务段建立联络机制，动态掌握港城班列装运、到达、到港信息，确保邯长线到达钢材车辆车流充足情况下开车时间不超 6 小时，并采取调车场预留补轴车辆、直通车加挂等方式，加速车辆周转。不断扩大“技术站服务中间站”工作，以磁山站为支点，组织“一站式”卸车、磁山零散车流回送邯郸南等措施，缓解磁山站作业压力。同时，精准掌握邯钢新区“产运销”需求，实施隔时开车，补轴开行邯长线到达列车，按到站、站顺，分卸线、品类精细集结邯长线车流，从源头组织“按需”开车，实现满轴满长开行，助推邯长增量。

三、坚持科技强站，增强创新能力

1. 推进合作开发。紧跟集团公司“数字京铁”建设步伐，协调设备厂家积极推进 SAM 系统功能拓展，完成 SAM 系统服务器等局端设备安装，以及与铁路运输调度管理系统（TDMS）等五大系统数据对接；并根据现场 131 条业务需求，持续跟进课题研发。

2. 强化自主研发。坚持自立自强、科技强制，依托“富岗创新室”“世军工匠室”、信息化车间等本土创新团队，自主研发设备资产管理系统，实现设备台账统一管理、分级查阅、动态调整、自动履历；自主重构运输指标统计系统，实现中停时、装卸车、发送吨、发送人、作业车等指标信息的提取、统计、加工、比对、列表、图形化展示；自主研发调度命令管理系统、站务督办系统、党建信息平台、查岗统计系统、运输效率分析系统，研制门型防溜监控装置、智能防溜铁鞋箱，为安全生产提供了有力保障。

下一步，邯郸站将持续贯彻落实国铁集团、集团公司安全工作理念，全面推进安全生产治本攻坚三年行动等各项重点任务落实落地，聚焦“六个现代化体系”建设目标，锲而不舍强化安全基础建设，提高运输效率，为勇当服务和支撑中国式现代化“火车头”谱写新的华丽篇章。

（邯郸站　苗建军　刘海刚）

新建作业通道

标画 1.5 米安全线

整治作业环境

坚持首抓敬畏　纵深推进
全面提升本质安全管理基础

中国铁路乌鲁木齐局集团有限公司

2024 年乌鲁木齐局集团公司哈密机务段面临新人多、新职司机多、新干部多、新情况多，以及运量持续增加、运输环境变化大等多重考验，坚持把铸牢全员安全敬畏意识作为本质安全首要的思想基础，通过纵深推进安全生产月各项重点工作，让敬畏生命、敬畏法纪、敬畏规章、敬畏责任成为共识。

一、真信方能知敬，筑牢本质安全思想基础

发自于内心深处的敬畏意识，是本质安全的思想基础。哈密机务段在安全生产月期间着力在“敬畏意识到位 + 基本技能达标 = 远离事故”这个思想共识上持续发力。

一是让警示教育触及心灵。将新职人员、新职干部、触碰红线职工等六种人员纳入“六必警”范围，整合形式“案例警示、场景警示、事故反思”等七种警示教育方式，收集了 400 多个全路、身边发生的典型事故案例制作成警示教育片，开展“生命只有一次、机会只有一次”的场景教育，全月共计警示教育 1867 人次，通过血淋淋的事故案例展播、现场讲解等方式进一步提升段各级管理人员的安全敬畏意识，筑牢全员安全思想基础。

二是让“首谈、首讲、首问、首查”敬畏融入全过程。严格按照谈心谈话首谈敬畏、专项培训首讲敬畏、考察识别干部首问敬畏、作风倒查首查敬畏，在全段营造“首要敬畏”的氛围。同时结合段实际情况，梳理出无标可依、归责于外等 18 项“不敬畏负面清单”，经常性组织对标对表。在分析问题的过程中算清“三笔账”、讲好“四讲清”，不断提升对标准的敬畏意识和遵标落标的责任意识。

二、知敬方能有畏，打牢敬畏意识责任基础

一是立足立责于明，深入推进全员安全生产责任制建设。立责不明是安全责任入不了心、标准制度落不下去的根源，全面排查“领导班子—科室—车间—班组—岗位”职责链条的断点，着力解决领导班子和

观看警示片

承诺践诺启动仪式

消防演练

避险逃生演练

科室之间职责不明的突出问题，紧盯岗位全职责体系要解决“管什么事、负什么责”，按照先部门后岗位，结合工作中遇到的问题动态完善职责体系，围绕暴露出的安全通道、信息机房、电动车棚、加油车配送、安全协议管理、段内施工安全控制等结合部问题，厘清各科室之间的职责 32 件，让职责链条全流程畅通。

二是立足知责于心，深入推进安全隐患排查整治。坚持大安全观，围绕岗位安全职责定期组织各级干部开展职责意识和责任意识教育，将双重预防机制纳入岗位职责中，持续追踪安全隐患排查、隐患问题整治。对红淖线电气化改造等变化点开展专题风险研判会，干部现场踏勘 11 人次，制定安全控制措施 11 条，确保红淖线电气化开通后行车安全受控。对人员密集场所消防通道及消防标识进行排查，发现问题 10 件，确保应急逃生通道、标识正常。

三、行动自觉，构建安全命运共同体

一是推动标准认同、管理认同。“安全生产月”活动期间，参与“安全承诺践诺”活动 650 人次，提升干部、职工安全责任意识。将心理素质的应激、应压能力建设作为本质安全管理的重要内容，形成干部职工心理素质提升方案，开展心理咨询、疏导及讲座 15 场次，提升非正常情况下干部职工的应激、应压能力。全员开展人员密集场所火灾、地震应急逃生、应急救援演练 26 场次，参加人员 600 多人次，提升应急疏散组织指挥能力、全员应急处置能力和疏散逃生能力。同时针对职工因家庭突发变故、违章考核、受批评教育等情况引起的思想波动，造成职工在思想上对标准不认同、对管理行为不认可，从而产生抵触和对立情绪，通过干部与职工点对点谈心、拉家常、诉心声、谈感受等方式做好心理疏导，降低职工对标准的抵触心理，用暖心“种子”化解对立情绪，形成最大的管理认同。

二是推动目标认同、奋斗认同。哈密机务段紧紧围绕“人人讲安全、个个会应急——畅通生命通道”主题，通过职工班前会、座谈会、家属联谊会、青工父母见面会等形式，在听取职工家属心声，用心用情解决职工家庭困难的同时，讲清“保畅通、保交口就是哈机人践行勇当服务和支撑中国式现代化‘火车头’主战场”的使命定位，同职工家属建立共同的目标认同。开展“安全生产大家谈”，及时收集职工对标准制度不健全、安全管理不规范等方面的合理化建议，与广大职工“同题共解”，筑牢奋斗认同的群众基础。收集职工提出各类意见、合理化建议 55 件，先后解决了安全通道无指示标识、职工间休室防暑降温设备设施更新、驻站机调作用发挥不理想、哈密东站司机到达后等待入库时间长、检修车间职工安全带挂钩支架等问题。全月干部职工现场劳动安全“两违率”，同比下降 49%，环比下降 28%；乘务员发现路外轻（硬）飘浮物安全隐患问题 16 件；针对大风天气不良橙色预警及高温橙色预警，快速对在途 23 列列车进行远程传达提示，确保旅客列车正常运行。

（哈密机务段　唐　军）

扎实开展“生命通道”安全隐患排查整治

中国铁路呼和浩特局集团有限公司

为认真学习贯彻习近平总书记关于安全生产的重要论述，落实国铁集团党组工作部署，深刻吸取事故教训，呼和浩特局集团公司结合《国铁集团安委会办公室关于做好2024年全国“安全生产月”活动的通知》《呼和浩特局集团公司安委会关于开展2024年“安全生产月”活动的通知》文件要求，围绕“人人讲安全、个个会应急——畅通生命通道”主题，精准发力、重拳除患，从加强组织领导、化解存量风险、警惕增量风险、重视宣传教育四方面综合施策，高质量开展“生命通道”安全隐患排查，全力维护铁路消防安全形势稳定。

一、加强组织领导，压实压紧消防安全管理责任

1. 集团公司牵头负责。按照国铁集团工作部署，集团公司迅速行动，下发《呼和浩特局集团公司关于开展电动自行车消防安全隐患排查整治的通知》《呼和浩特局集团公司关于继续加强危化品运输、易燃易爆物品存储等消防安全隐患排查整治的通知》等文件，明确各部门各单位主体职责，推动电动自行车及危化品运输、易燃易爆物品存储等消防安全隐患排查整治活动顺利开展。

2. 集团公司保卫部重点督导检查。按照集团公司部署安排，集团公司保卫部重点围绕应急疏散通道及消防车通道等生命通道、人员密集场所消防安全情况、“九小场所”用电安全等隐患排查、重点行车场所和机车车辆停留存放检修场所消防安全情况、电动车消防安全隐患等方面，深入各地区开展消防安全专项督导检查，形成问题库销号管理，并下发消防安全检查通报。同时，对各单位上报已销号问题“回头看”，对问题未整改到位的情况再次通报，确保工作落到实处。

3. 各专业部门组织推进。在集团公司的督促和指导下，各专业管理部门结合本系统生产特点，认真履行消防安全管理职责，对可能发生火灾和容易发生群死群伤的各类消防安全重点场所进行全面自查整治。

二、化解存量风险，紧盯突出问题抓好消防安全整治工作

1. 排查电动车消防安全隐患。集团公司保卫部成立消防安全督导检查组，深入各单位、各地区重点围绕电动自行车“进楼进梯入户”“人车同屋”“飞线充电”等存在较大安全隐患的违规行为，以及电动车堵塞消防“生命通道”等违法行为，现场进行排查。发现违规停放充电行为问题20个，电动车堵塞消防“生命通道”等违法行为问题6个，停放充电场所不合理问题13个，制度和责任落实不到位问题12个。为了确保相关单位按期整改，紧盯消防问题整改情况，加

室内不允许存放电动车

大消防安全检查频率和力度，对存在严重消防隐患，且隐患排查整治不力的单位下发防火监察通知书，按照集团公司相关规定进行考核。其间，已完成40个问题整改，11个问题已明确整改方案和整改时间，正在整改中。

2. 排查燃气、油库、液化石油气消防安全隐患。集团公司保卫部成立两个消防安全督导检查组，重点围绕铁路生产生活燃气、油库、液化石油气危险货物运输、铁路沿线油气管线、燃气安全五方面隐患排查整治“回头看”，深入各地区开展消防安全专项督导，并制定阶段性整治情况报告模板下发至各单位。通过日常检查及各单位上报问题梳理，发现66个问题，重点问题包括醇基燃料容器设置位置不符合标准、液化石油气备用罐存放在办公楼内等。已经整改40个，占问题库总数的61%；已经明确整改方案、正在整改的问题26个，占问题库总数的39%。

3. 紧盯消防安全隐患突出问题闭环整治管理。针对排查出的消防安全隐患问题，督促相关管理单位及时予以解决或采取有效的安全防护措施，对于未整治到位的要分析原因，对于整改落实情况要开展“回头看”，实现问题整改闭环管理。充分利用电视电话会议、防火委会议、对话会等形式了解、掌握、推动消防安全隐患整治，逐级落实消防安全管理责任，确保人民群众生命财产和铁路运输安全。

三、警惕增量风险，打通“生命通道”

1. 提前介入，加强源头管控。为了严格落实工程质量源头管控，提前介入建设项目立项决策、勘察设计、工程实施、竣工验收等环节，确保设计内容符合规范。集团公司深度参与包头车辆段新建消防车道建设项目，以及呼和浩特站、呼和浩特东站、包头东站安全出口电磁锁改造等5个建设项目的工程可研、施工图审查及设计图审核等关键环节，提出消防专业整改意见，克缺设计不足，打通消防安全管理建设环节。

2. 认真推进“生命通道”整治活动。为了畅通“生命通道”，集团公司保卫部积极开展安全疏散设施整

违规锁闭的安全出口

治工作，大力整治疏散指示标志错误、消防车道和逃生通道堵塞、营业期间违规锁闭安全出口等问题，推动实施疏散门消防联动控制改造，拆除影响疏散逃生和灭火救援的铁栅栏、铁丝网、广告牌等障碍物。针对前期排查整治活动中包头车辆段存车场无消防通道、包头铁道大厦裙楼疏散通道不足等问题，集团公司保卫部积极对接相关单位提出整改意见，对于整改困难和需要资金支持解决的消防车通道及应急疏散设施问题，推进问题克缺，完成问题整治。

四、重视宣传教育，增强干部职工消防应急防范意识

集团公司结合实际情况，加大宣传教育力度，充分利用自媒体和网络平台，广泛开展反恐消防宣传教育，组织开展不同形式反恐消防应急演练活动，促进职工安全意识和应急处置能力的提升。修订完善集团公司安全培训消防考试题库，编写并发放消防学习资料。6月初，已经完成140人次消防干部培训，360人次消防骨干培训，年内还将完成144人次消防骨干培训及330人次消防设施操作员培训。形式丰富的宣传教育活动有利于补齐集团公司消防短板，提高各单位基层管理人员在消防安全方面的专业化水平，同时也进一步提升职工消防安全意识及火灾应急处置能力，夯实消防安全管理的群众基础。

（保卫部　白开涛）

抓基层强基础 筑牢安全发展根基 构建现代化铁路安全保障体系

中国铁路武汉局集团有限公司

武汉局集团公司深入学习贯彻习近平总书记关于安全生产的重要论述，以习近平新时代中国特色社会主义思想为指导，全面贯彻落实党的二十大精神和习近平总书记对铁路工作的重要指示批示精神，贯彻国铁集团党组安全工作新理念新策略新方法，推动由防止事故向超前防控风险转变，构建现代化铁路安全保障体系，坚持守正创新、坚持问题导向、坚持系统观念，统筹安全与发展，狠抓车间、班组等基层终端末梢主体责任落实，运用新理念、新思路、新举措解决实际问题，为动车段高质量发展创造新局面。

一、统筹发展与安全，推动基础建设走深走实，提升安全管理能力

习近平总书记强调，安全是发展的前提，发展是安全的保障，安全和发展要同步推进。要准确把握二者辩证统一关系，以安全保发展，以发展促安全。

1. 强化安全生产法制化建设。将《安全生产法》《消防法》《道路交通安全法》等涉及安全生产的法律法规相关条款与岗位安全生产职责深度融合，确保依法治企走深走实。

2. 压实安全生产责任。健全完善安全生产职责，建立全覆盖、全方位的安全生产责任体系；完善科室、车间、班组各级管理人员日常、阶段性工作履职任务清单，建立干部履职任务清单，通过信息化等手段进行管控评价，实现履职管理规范化。

3. 深化班组建设。发挥试点带动作用，选取标准化样板班组，总结标准化创建经验成果，召开现场会，全方位推进班组标准化建设；以班组 6S 管理为抓手，健全完善管理标准和管理行为清单，提升班组管理水平。明确班组一日流程。规范班组班前会流程和基本内容，明确班中互控重点、班后总结反馈项点。

4. 强化安全监督。坚持全段安全管理人员“三专”学习机制，定期开展学习、对话，补强安全管理业务能力。做好监督结果运用。根据车间、班组性质，根据专业划分，制定设置各项评价维度，针对车间、班组安全管理现状、管控过程和安全结果等进行量化评价。

二、坚持守正创新，促进安全管理提档升级，提升科技保安全能力

习近平总书记强调，守正才能不迷失方向、不犯颠覆性错误，创新才能把握时代、引领时代。新时代新征程，我们要紧盯高铁发展新形势、新要求，以新的理念、新的思路、新的办法、新的手段创新管理机制，推动高质量发展。

1. 深入实施精益管理。以高级修车间为试点，深入开展精益管理成果立标打样，从班组设置、工序划分、检修节拍、配件供应、周转件使用、异常信息响应等维度，对生产链进行精益再造，提升生产链、供应链的响应速度，提升高级修精益管理水平。

2. 持续开展改善性提案。充分发挥“全员智囊团”的群策群治作用，加强对改善提案进行正向引导鼓励，通过物质奖励、看板公示、网络宣传等形式，不断激发一线职工广泛参与管理改进工作，提升一线职工岗位认同感和获得感。

3. 坚持科技创新运用。持续扩展明道云系统功能，促进车间管理信息化建设，充分发挥“明道云”模块化、可订制优势，实现“段—车间—班组”多层级多角色的数据交互及统计、贯通和共享。大力开发数字化仿真课件，解决日常培训过程中“看不见、进不去、动不得、难再现”的问题，提升培训质量。增强科技创新攻关能力。完善 PHM 数据分析架构，结合典型故障、模型逻辑及库内检查情况，提炼数据变化特征，搭建诊断模型，实现故障提前发现、提前预防。开展智能铁路技术创新应用研究，逐步推进智能检修机器人、轮对多边形检测技术在动车组运用检修落实落地，拓展智能扭矩系统在动车组运用检修中应用，持续挖掘数据价值。

三、坚持问题导向，做足风险隐患管控文章，提升预防管控能力

习近平总书记强调，敢于正视问题，善于发现问题。真正把情况摸清、把问题找准、把对策提实。要清醒看到当前动车段发展面临的不足和短板，坚持具体问题具体分析，以体系化、系统化的措施推动问题得到根本解决，在推动动车段高质量发展上不断迈出新步伐。

1. 强化双预防理论与基层工作融合。双预防的关键是全员参与、全过程控制，要做到与车间交班会、班组班前会、生产计划、干部履职等方面相融合。规范车间交班会会议流程，将风险研判管控、异常信息及跟踪故障等作为交班会重要内容，纳入车间、班组生产计划，引导车间利用好正反面激励，对发现防止典型隐患坚持颁奖表彰、公示。

2. 建立双重预防机制运行评价标准。明晰双重预防机制评价工作流程和运行载体，促进各层级、各岗位在履职尽责、执标落标中管控风险、排查治理隐患。

3. 巩固重大事故隐患专项排查整治行动成果。健全隐患排查整治机制。建立从科室、车间负责人到各岗位隐患排查治理责任体系。覆盖检修生产活动“人、机、料、法、环”各因素，分级管理，逐级落实，做到“纵向到底、横向到边”。完善隐患辨识范围和标准。结合专项整治上级公布的重大事故隐患判定标准，梳理形成切合段实际的排查方法和判断标准，便于车间、班组常态化自查自改。

4. 提升车间问题深度分析能力。引导车间透过现场问题表象，从车间、班组、岗位三个层面开展安全问题内部深度分析；鼓励一线人员敢于从自身查找原因，不护短、不推诿，充分暴露问题，提高分析质量、注重问题整改，更好地履职尽责。

四、坚持系统观念，统筹推进专业融合发展，提升安全保障能力

习近平总书记指出，要善于运用系统科学、系统思维、系统方法研究解决问题，既要加强顶层设计又要坚持重点突破，既要抓好当前又要谋好长远。作为动车人，要始终立足于国家铁路发展战略，要增强前瞻性思考、全局性谋划工作能力，凝聚高质量发展合力，践行实干担当促进一流动车段建设。

1. 提升职工队伍素质。创新培训方式方法，强弱项、补短板，持续推进主要工种人员“靶向”培训模式，实现“培训、考核、补强、提高”的闭环培训管理模式。对重点岗位形成特色化的精准培训模式，推行“师带徒”等小班教学模式，针对各车间薄弱车型开展交流补强培训。

2. 强化应急能力。健全完善应急预案体系，梳理形成预案清单，根据预案在执行过程中反映出的问题，结合对历史应急事件总结、梳理、分析，动态细化、完善应急预案及处置措施。

3. 丰富安全教育形式。全面推进岗位安全手册，通过岗位安全手册“7 大”模块搭建、运用，使本岗位职工通晓岗位职责、理解管理规定、清楚安全风险、明白违章后果、懂得应急处置、吸取案例教训；拍摄制作劳动、行车典型事故及违章安全教育视频，对事故、违章等案例从原因、教训等方面进行深度解读，与岗位安全手册结合，开展有针对性的安全培训，使班前安全学习取得实效。

（安全监察室　李薇璐；武汉动车段　李勤茂）

安全氛围洋溢在青藏线每一个角落

中国铁路青藏集团有限公司

青藏集团公司负责青藏两省区铁路运营维护工作，管辖点多线长，管辖里程共计4000余公里。其中，横向里程达到2400余公里。2024年6月16日，青藏集团公司迎来了第23个全国“安全生产月”的全国“安全宣传咨询日”。

为扎实开展“安全生产月”活动，全面提升职工、旅客及青藏两省区群众安全意识，6月16日，青藏集团公司安监室和工会共同牵头，组织拉萨、格尔木、西宁地区的15个单位，在各客运车站、大型社区、沿线学校开展“6·16”安全宣传咨询日活动。兰州铁路监督管理局到西宁活动会场进行了咨询日活动指导。活动紧密围绕“人人讲安全、个个会应急——畅通生命通道”主题，通过安全倡议、安全宣誓、竞赛答题、参观展板、“天路格桑花”伴旅客安全出行等五个环节，与广大旅客及铁路职工开展互动式安全宣传和开放式学习教育。

一、在精准施策上用力

为进一步增强铁路沿线群众爱路护路意识，爱护铁路设施设备、维护铁路沿线治安秩序，让群众感受铁路安全与他们紧密相关，形成共保铁路安全的良好氛围，6月16日，拉萨车务段党政工团在那曲、日喀则站开展“6·16”安全宣传咨询日活动。工作人员向广大群众发放铁路安全知识宣传单420份，赠送印有铁路安全常识、标语的环保袋、扇子、文具用品等宣传品530个，解答了群众关心的问题，受到广大群众欢迎。拉萨站围绕“天路格桑花”服务品牌理念，持续开展“天路格桑花”便民服务，在拉萨站、林芝站、山南站设置“急客”优先通道，提供“急客”优先快速进站服务。拉萨站进一步完善了车站便民、利民服务措施，规范设置便民服务箱、助残设施，其中，拉萨站“五彩哈达”服务台在进站口为晚到旅客办理“急退急改”业务，最大限度减少旅客经济损失、减少临近开车旅客走行距离，提升旅客的美好旅行体验。集团公司团委组织拉萨地区各单位团委深入堆龙德庆区中学开展“知路、爱路、护路，共筑平安铁路”主题宣传活动，通过播放爱路护路宣传视频，讲解铁路发展史、铁路安全常识，发放印有铁路安全常识的文具宣传品，

“知路·爱路·护路　共筑平安铁路”主题宣传活动服务

“天路格桑花”品牌现场服务

开展爱路护路互递问答，使广大师生对铁路有了新的了解，认识到参与爱路护路的必要性，营造共建共创平安和谐铁路的浓厚氛围。

二、在应急保障上发力

在“畅通生命通道”这一核心主题下，集团公司各单位结合自身实际，努力提高全员安全素质和整体安全水平。通过加强“生命通道”知识的宣传教育，使全体干部职工深刻认识到“生命通道”的重要性。其中，拉萨车务段、西宁工务机械段组织开展以电梯故障、突发火灾为背景的应急演练。拉萨基础设施段针对青藏线拉日段地质结构复杂，长大桥隧道占据管辖里程 52.8% 的工作实际，组织开展以隧道火灾、旅客疏散为背景的应急演练，进一步提升了广大干部职工在紧急情况下的自救互救能力。格尔木工务段、拉萨站等单位开展以长大隧道、特大桥梁通道门、防护门逃生疏散通道、消防通道及电梯等为重点的专项排查整治工作，有效确保了“生命通道”的畅通无阻。

开展“安全宣传咨询日”活动

三、在意识提升上聚力

作为安全生产第一责任人，集团公司各单位以身作则，将安全生产学习成果转化为推动高原铁路高质量发展的实际行动。6 月 16 日，集团公司工会、党委宣传部会同集团公司安全监察室、青海省护路联防办公室、西宁地区有关站段相继在青藏铁路花园小区、城东区火车站街道中庄社区开展了“安全宣传咨询日”活动。活动现场设置了宣传咨询台，通过安全展板展示、发放安全宣传品、家庭安全知识科普等多种方式，吸引了 500 余名职工、家属及周边居民参与。西宁通信段通过观看《安全生产责任在肩》警示教育片、专题研讨、集中宣讲等多种方式，围绕安全警示

电梯故障、突发应急火灾演练

教育、典型事故反思、铁路交通重大事故隐患判定标准等重点内容，开展了有针对性的学习宣贯活动，营造了良好的文化氛围。6 月 16 日，西宁站在“安全宣传咨询日”现场布置了“生命通道”布局标识、铁路安全生产常识等四个主题的宣传展板，吸引了大量旅客驻足学习。活动现场组织站区客运、安检、保洁等 100 余名铁路职工代表郑重宣誓，铿锵誓言赢得现场旅客的频频点赞和阵阵掌声。

通过安全生产月一系列扎实有效的措施和丰富多彩的活动，不仅提高了全体干部职工的安全意识和应急处突能力，也为铁路安全生产的持续稳定奠定了坚实的基础。为此，我们将持续深化各项安全生产工作，为青藏两省区的人民群众提供更加安全、便捷、舒适的出行服务。

（青藏集团公司　袁存国　李　晔）

不服输！作业现场的“比赛”

中国铁路哈尔滨局集团有限公司

初入六月，气温飙升。天刚刚亮起，哈尔滨局集团公司大庆工务段大庆西高铁路桥车间职工们就已齐聚点名室内，整齐地宣读着安全誓言。点名会结束后，大家井然有序地登上工程车，奔赴滨洲线 223 公里铁路桥的作业“赛场”。

日前，滨洲线 223 公里铁路桥的护坡在大庆工务段日常检查中判定为失效，无法满足汛期对路基安全的要求。在雨季水流的持续冲刷下，失效护坡极易发生塌陷，导致路基下沉等影响路基和线路稳定性的安全隐患问题。为尽快完成滨洲线 223 公里铁路桥的综合维修，强化路基边坡和护坡的稳定性，结合“安全生产月”活动，大庆西高铁路桥车间组织桥隧综合维修工队、桥隧养修工队、桥隧检查检测工队共 40 人，于 6 月 5 日联合开展施工会战，计划利用一天时间完成桥下四个护坡的修整工作以及桥梁标志刷新等任务。

8 时 30 分，作业现场已经紧张忙碌起来。三个工队共计 40 人被分成了 4 组，每组负责一整个护坡的抹面工作。车间主任发出信息明确的指令，不仅要按时完成综合修任务，还要看看哪支队伍能够在确保安全的前提下，干得又快又好。接到任务的职工们不约而同燃起斗志，摩拳擦掌地拿起工具第一时间冲到了“阵地”，要比比看谁手里的技术更硬。

鉴于护坡整修工作需在坡面进行，为确保职工们

为护坡安设模具

使用拌和好的水泥砂浆为支好模的护坡抹面

用水泥进行抹面

作业完成后的护坡

站立稳固，防止意外滑倒，要求每位职工必须穿专业防滑鞋进行作业，并禁止在作业区域内出现可能对职工造成伤害的铁器、木方等工具或设备。进行标志刷新作业时，要求每名职工必须佩戴护目镜，有效防止油漆涂装过程中可能产生的飞溅物或有害气体对眼睛造成伤害。作业现场地面泥泞，给行走和搬运料具带来极大不便，车间提前安排职工在作业场地周边取用干土进行铺设，并利用备好的沙袋对坑洼地带进行路面平整处理，以创造更加安全、便捷的作业环境，方便职工走行和抬放料具。

时间紧任务重，但职工们分工明确，作业现场井然有序。和灰、运料、支模、抹面，工具与水泥面接触的沙沙声、模具安装的哒哒声，混合着职工们充满干劲的号子声一起推动着会战的节奏。副段长、路桥科长及其他车间干部也来到现场，不时提供技术指导，见证着这场激烈的“竞赛”。职工们更是甩开膀子，把“压箱底”的技巧和看家的本领都拿了出来，营造出“比、学、赶、超”的良好气氛，现场更像是技术比武大赛，好不热闹！

19 时 10 分，最后一抹子压光后，会战至此落下帷幕。大家清洗好工具，清理好现场外观，纷纷坐上车辆返回车间。这场无硝烟的战斗结束了，谁的技术更过硬？谁还需要加强？职工们心中也都有了答案。

这场“比赛”共计使用水泥 16 吨、沙子 55 立方米，完成护坡及引道砌筑 280 平方米、油漆涂装 72 平方米。路基边坡和护坡经过整修后，不仅外观平坦整洁，而且防水性能得到提升，显著增强了路基的整体稳定性，为列车安全通行提供了坚实的安全保障。

（大庆工务段　张　涛）

求真务实　多措并举 推动西南铁路高质量发展

中国铁路成都局集团有限公司

成都局集团公司深入学习贯彻习近平总书记关于安全生产的重要论述和对铁路安全工作的重要指示批示精神，认真落实党中央、国务院决策部署，深入领会国铁集团党组工作思路要求。以“安全生产月”活动为契机，统筹高质量发展和高水平安全，坚守高铁和旅客列车安全政治红线，坚定不移落实从严管理，慎终如始强化落责履职，综合施策推进重点工作，严防死守卡控安全关键，动态科学管控安全风险，全力确保运输安全持续稳定。

一、以超前防范、聚焦重点的思路贯彻落实国铁集团党组安全工作新理念新策略新方法

1. 坚持两个至上，树牢安全理念。坚持人民至上、生命至上，把确保人的生命安全的责任和措施落实到铁路运输生产全过程各环节。一是以旅客列车安全为前提，强化汛期安全管控。不折不扣落实汛期旅客列车安全风险防范措施 7 方面 32 项任务，制定极端天气客车高风险区段防控一线一案，将旅客列车主动避险措施纳入运行图，明确 52 处高风险区段、4 个禁停车站、54 条禁停股道，强化“指路行车”“引路行车”，执行暴雨预警避让、降雨实况避让、灾害熔断避让，提前分线分类制定客车停运方案，纳入防洪预警会商。建立汛期防洪巡查车开行日分析机制，每日分析巡查列车调度命令发布、巡查列车司机操作等情况。紧扣“不发生旅客列车重大涉险事件”目标，分专业梳理涉险场景情形，提前研究防范旅客列车重大涉险事件措施，拟定旅客列车重大涉险事件调查处理流程，研究追责考核标准。二是以劳动人身安全为前提，优化运输生产组织。坚持“以劳动人身安全为前提组织生产”，重点强化上道作业劳安风险管控，研究梳理工电系统允许点外上道项目，细化点外作业管控措施，逐步推进“作业入点”。严格落实施工“三不”措施，结合几起事故教训，丰富“不控不上”条令内涵，明确施工负责人未接到驻站联络员传达封锁施工调度命令，未确认双线上下行、多线线别及站内股道，不允许下达上道作业指令，以及作业人员未得到施工负责人“命令已下，行别（线别）已确认，可以上道”的指令，不允许上道作业两条规则，进一步强化施工劳安管控。三是以人民生命财产为前提，强化路外安全卡控。聚焦路外环境最大威胁，确定路伤事故件数和死亡人数“双下降”目标，纳入年度任务目标，按上半年完成倒排 715.9 公里线路封闭计划，“一段一队伍”组建 14 个专班，按照“一处一方案”推进 340 处通道建设。深化“双段长”“2+1”机制，“四省一市”65 个市（州）均与集团公司成立办公室合署办公，加强推进外部环境隐患排查整治。

2. 深化双重预防，用好安全策略。坚持主动预防、超前防范、源头治理，推动由防止事故向超前防控风险转变。一是推进双重预防机制融入安全生产。将双重预防机制构建和有效运行深度融入安全生产全过程，动态开展安全风险研判，研判确定集团公司层面安全风险 118 个，分层制定防控措施，精准下达管控量化，纳入日、周交班、月度安全分析和季度安委会

进行专项分析。分专业分析研判系统性、区域性、多发性和偶发性风险，梳理“灰犀牛”“黑天鹅”清单共142项，针对性制定防控措施。二是落实重大事故隐患排查整治。推进铁路重大事故隐患整治自查自改常态化、长效化，落实建档建库、挂牌督办、动态更新、闭环管理、滚动清零要求。严格各层级主要负责人季度带队检查和年度风险全面辨识，分层分级明确动态管控量化指标，纳入信息系统自动分析追责，实现隐患管控全覆盖。严格重大事故隐患挂牌督办，针对渝怀线K63通信铁塔倒伏隐患，第一时间开展现场调查，采取临时管控措施，召开专题会议，研究制定拆除方案，于2024年3月25日顺利完成拆除工作，彻底消除安全隐患。“一处一案”推进沪昆高速何家地、西成客专赵家岩隧道病害等剩余7个隐患整治，安委会每月动态分析追踪整治情况。在国铁集团相关部门指导下，开展沪昆高铁岗乌、光照隧道和弯腰树大桥等特殊病害整治方案研究，加快临时拱架安设，成立工区加强巡检，运用全程隧道视频监控等技术手段，确保高铁行车安全。将国家铁路局、成都铁路监督管理局督导检查发现的17个突出隐患，比照重大事故隐患管理，同步督导推进整治，已整治销号8个。三是充分发挥大数据分析优势。以安全管理信息系统为基础，对干部、风险、现场、基础、预控进行精准管控，通过安全大数据分析平台集成安全管理信息系统及各专业生产系统的安全数据，加强精细化、智能化安全管理，将工务系统生产管理数据、电务设备报警信息、供电系统接触网生产数据、货运超偏载数据等接入安全管理信息系统，强化生产过程监督，实现由“人找数据”向“数据找人”转变。

3. 坚持问题导向，灵活安全方法。坚持“守底线、抓重点、控关键、防风险”，抓实“盯红线、查隐患、落责任、督整改”，紧盯安全问题，坚持底线思维，深入研判风险，综合施策整治。一是大力推进监督检查。分管安全副总经理带队，安全总监全程指挥，站段主要领导参与，将8处防洪点及路伤防控点、标准化站场建设、重点站区一体化创建等纳入平推检查地点，全覆盖检查11条普铁5500公里线路。业务部门带政策上车宣贯、站段带问题上车协商，有计划、有重点、有目的开展监督检查。严格落实每日分析通报制度，下发检查日报7期，专业检查报告9份，典型问题纳入安全对话会分析通报，日盯日控督导问题整改落实。坚持抓计划、抓关键、抓薄弱、抓闭环，综合运用明察暗访、交叉检查、“零点行动”、专项检查、音视频和检测监控数据分析、“现场＋远程”等方式，定人、定线、定点开展精准检查，查处红线和禁止行为821个，坚持典型违章露头就打，架起红线“高压线”。坚持开展行车关键岗位“行为分析”，严格落实周分析、周通报，超前管控“两违”问题。二是用好用活问题资源。针对安全生产重点、典型问题，主要领导直接对话，问题单位深度剖析，业务部门专业点评，安监部门督导落实，深挖管理根源，预警提示风险，确保集团公司重点工作要求第一时间传达学习、部署落实，突出典型问题第一时间通报警示、研究解决。分专业梳理2023年集团公司安全“三会”通报分析典型问题，形成《2023年安全典型问题汇编》，逐个整理存在问题、规章依据、整改措施和整改落实，充分发挥典型问题警示案例和教学资源作用。三是严格履行安全责任。将绩效考核与干部量化、履职分析评价有机结合，多角度、全方位分析干部履职过程，实行“一岗一月一表”逐级考评，将900余名局管干部纳入考核范围，累计实施奖励1104人次、考核289人次，切实做到把抓深化、抓落实作为检验干部作风、能力和状态的重要标尺。紧扣“在关键少数、关键岗位的精准激励上下功夫”，实施差异化考核激励，在工务、电务、供电专业开展“三无”竞赛，在车务、机务系统开展行为分析正向激励，对发现和防止安全隐患事件有功人员进行快奖重奖，激励人人自觉“要安全”、个个主动“保安全”。加大对标准化作业防止事故有功人员的奖励，按照小额快奖、隐患重奖原则，分类落实快奖重奖机制，奖励好人好事共146件。

二、以科学严谨、综合全面的方法持续推进现代化铁路安全保障体系建设

1. 全面启动深入调研。组建现代化铁路安全保障体系建设工作专班，组织开展专题调研。集团公司领导牵头 6 次研究讨论，3 次征求意见建议 116 条，38 个部门和单位在集团公司党校封闭式集中研讨 2 天，形成实施方案向集团公司党委专题汇报。

2. 全面承接逐项细化。集团公司实施方案全面承接国铁集团 8 方面 41 项具体举措，结合集团公司实际和专业管理特性，细化具体落实措施和工作要求，梳理分解为 104 项任务清单，逐项明确责任部门和完成时限，进一步强化方案的科学性和实用性。

3. 全面评价动态推进。对照 104 项任务清单，初步梳理 192 项工作机制和制度办法，由各责任部门全面对照开展评价，在国铁集团安全管理数字化平台建成、评价指标体系纳入前，按年度实施推进、动态开展，驱动各项安全工作朝既定目标方向发展。

三、以实事求是、准确精细的态度扎实开展安全生产治本攻坚三年行动

1. 专项部署上“求快”。集团公司主要领导高度重视安全生产治本攻坚三年行动工作，2 月初批示部署研究国务院、两省一市工作方案，提前介入、主动对接，迅速启动草拟工作。4 月中旬，党委书记主持专题安委会，研究讨论方案内容，总经理组织召开全局专题部署，聚焦提能力治本、防风险治本、除隐患治本，提出 10 大行动工作要求。

2. 方案制定上“求实”。统筹考虑安全生产治本攻坚三年行动与安全管理“十四五”规划、安全基础建设三年行动、现代化铁路安全保障体系、1 号文件等 6 个纲领性文件内在关联，合并同类项目，突出安全重点，化繁为简形成一张表、32 项任务清单，明确工作任务、工作要求及对应关系，便于各部门、单位理解与贯彻落实。

3. 内容分解上“求细”。全面承接国铁集团 10 大行动内容，结合实际新增 27 项任务，形成 92 项任务清单表。逐项细化规定动作、量化任务，明确铁路重大事故隐患各层级检查次数，设备质量整治线路、处所、公里数，线路封闭区段及数量，职教培训具体人数，标准化规范化建设达标站区数等，确保工作更具操作性。

四、以统筹兼顾、确保见效的信心实施深化铁路安全基础建设三年行动

1. 迅速传达部署，及时制定方案。集团公司主要领导牵头，研究方案，细化分工，明确 7 个专项方案的牵头和配合部门。逐项分解任务项目、制度建设清单，明确项目内容、责任部门和完成时限。

2. 坚持统筹推进，抓好贯彻落实。在全面落实“十四五”安全发展规划基础上，将三年行动各项工作分解为年度任务，与 1 号文件同步推进实施。定期梳理推进落实情况，抓好检查督导和跟踪督办，并将检查结果纳入通报考核。

3. 强化检查监督，突出行动效果。按期完成 12 个重点站区创建、高速铁路信号 5 项专项整治等 38 项任务项目清单及 35 项制度建设清单。对制度建设缓慢的 7 个部门纳入季度安委会通报，动态督导推进落实。

（成都局集团公司　张　亮　张　磊）

重学习　抓业务　练本领 促进消防安全工作显成效

中国铁路昆明局集团有限公司

按照《国铁集团安委会办公室关于做好 2024 年全国“安全生产月”活动的通知》和《国铁集团安委会办公室关于进一步做好 2024 年全国“安全生产月”活动工作的通知》工作要求，昆明局集团公司保卫部坚持以习近平新时代中国特色社会主义思想为指导，深入学习宣传贯彻党的二十大精神和习近平总书记关于安全生产的重要论述，特别是对铁路安全工作的重要指示批示精神，深入开展各项“安全生产月”活动，促进消防安全各项重点工作有序推进、闭环管理。

一、深入开展学习宣贯，入脑入心

举办保卫干部培训班，组织集团公司所属各单位 98 名学员学习习近平总书记关于安全生产的重要论述和对铁路安全工作的重要指示批示精神，并进行消防安全工作业务、铁路消防设施设备管理及火灾案例培训授课，邀请昆明市消防救援支队老师结合铁路系统实际分析存在的火灾风险，播放火灾事故案例宣传片，组织全体学员开展“安全生产大家谈”讨论活动，对各单位提出的问题进行解答。

二、加强消防工作专业指导，检查整改

牢牢把握安全工作的主动权，加强对各单位消防工作专业指导，及时协调解决重难点问题，有效消除消防安全隐患，确保不发生火灾爆炸事故。

全力配合国铁集团完成昆明南站区消防安全专项检查评价工作，组织相关部门单位对反馈的 392 个问题进行了梳理，逐项制定整改对策，动态掌握销号情况，督促各单位按时限完成问题整治。

加大对系统内单位消防安全隐患问题整治进度的跟踪力度，协调各专业部门树牢“管专业必须管消防”的理念，组织开展中型客站消防安全专项检查评价，从消防安全管理、建筑消防安全、消防设施三方面对昆明车务段弥勒、普者黑两个中型客站开展消防安全专项检查评价，现场对站内消防设备设施进行单项测试、联动测试等，检查评价共计发现问题 103 个，督促指导责任单位落实整改。

三、畅通消防生命通道，坚决治堵

以人员密集场所、旅客列车、货场、重点行车场所、油库和危险品库等易燃易爆危险品场所、职工培训基地、工会文博场所、非运输企业经营场所、多业态混合生产经营场所、“九小场所”、重点工程施工现场等为重点，深入开展消防安全大检查督导检查。

严格落实集团公司消防生命通道专项排查整治、电动自行车消防安全隐患排查整治工作要求，引导各单位各部门坚决整治占用、堵塞、封闭疏散通道、安全出口的问题隐患，坚决拆除人员密集场所门窗设置影响逃生和灭火救援的防盗网（窗）、铁栅栏、广告牌等障碍物，坚决清除妨碍消防车通行和消防救援的障碍物。活动开展以来，在集团公司范围内共计开展现场检查 2715 人次，检查单位（车间、班组）1679 处/次，发现隐患 209 个，下发安全问题通知书 44 张（Ⅱ级 14 张，Ⅲ级 30 张），整改隐患 161 个。

四、落实云南省铁路应急联动工作机制，锤炼硬功

按照云南省应急管理厅、云南省消防救援总队、云南省森林消防总队、应急管理部森林消防局昆明航空救援支队和昆明局集团公司签订的《云南省铁路应急联动工作机制协议》，集团公司发布《关于配合做好云南省森林消防总队应急演练的通知》，配合云南省森林消防总队完成“云森·2024”抗震救灾实战演练相关工作，对标实战要求，严格救援标准，科学救援程序，在逼真环境、严格实训中有效锤炼了救援能力。

以持续统筹抓好国铁集团、集团公司安全生产1号文件和消防工作要点部署中各项重点工作的推进落实为抓手，保卫部将在现代化铁路安全保障体系建设、安全生产治本攻坚三年行动、深化铁路安全基础建设三年行动中做好安全保障支持工作，结合实际，紧盯重点，聚焦关键，确保集团公司消防安全形势持续稳定，促进各项重点工作有序推进、闭环管理。

（保卫部　叶宏坤）

铁路各地再掀安全知识传播新高潮

——各铁路局集团公司活动集锦

6 月 16 日是“安全宣传咨询日”。按照国务院安委会办公室、应急管理部统一部署，在国铁集团的精心组织下，各铁路局集团公司、各企业深入学习领悟习近平总书记关于铁路安全工作的重要指示批示精神，因地制宜，突出实效，同步开展了一系列各具特色的宣传活动，以互动性强、群众喜闻乐见的方式推动铁路安全宣传咨询工作走深走实。

沈阳局集团公司：特色文艺演出助力安全宣传科普

6 月 16 日，沈阳局集团公司联合沈阳铁路监督管理局在沈阳北站、长春站共同主办了“安全宣传咨询日”活动。除了悬挂宣传标语和宣传条幅，布置展板和咨询宣传台，组织工作人员宣传讲解外，车站 LED 电子显示屏也成为重要的宣传“武器”——全天集中播放爱路护路、关注铁路安全等内容的公益广告和短视频，更有精彩纷呈的安全文化特色文艺演出作为重头戏，在两站候车大厅内热闹上演。

在沈阳北站候车室，舞蹈串烧《欢迎来到 90 年代》精彩开场，舞蹈《相亲相爱》将文艺表演和安全宣传活动双双推向高潮。在长春站候车室，舞蹈、独唱、器乐演奏等轮番上台，引得候车旅客们掌声连连。演出时，青年志愿者走进驻足观看的旅客中间，一边发放铁路安全宣传单和布袋、纸巾、签字笔、扇子等宣传小礼品，一边向旅客讲解铁路出行注意事项，并现场解答旅客疑问，旅客们不仅欣赏了歌舞，还了解到安全常识、铁路安全法律法规、乘坐火车出行须知，留下美好的候车回忆。

在局管内铁路沿线村屯、学校、道口等重点单位或处所，还纷纷组织开展“安全宣传咨询日”现场活动，并对两站活动进行网络直播。

串烧舞蹈——《欢迎来到 90 年代》

南宁局集团公司：多方联动融合开展专题宣传活动

“6·16”安全宣传咨询日活动当天，南宁局集团公司梧州车务段、玉林工务段、南宁供电段会同自治区交通运输厅、广州铁路监督管理局等 12 家地方单位，在梧州市万秀区夏郢镇凤凰村开展广西壮族自治区“安全生产月”暨“全员查隐患，聚力保平安”铁路安全主题宣传活动，通过发放宣传彩页、讲解典型案例、观看“安全生产月”警示教育视频、讲解路外安全宣传展板、现场解疑释惑等多种形式，向广大居民、学生普及铁路安全相关知识。同时，线下以车站站厅 LED 屏，站段、车间办公区域为重点，循环播放

《安全生产责任在肩》等警示教育片13部，张贴板报、标语横幅等672张；线上通过微信公众号、微博等媒体平台，编发《还有1分钟才发车，列车能不能“等等我”》《注意！不能携带这些物品进站乘车，已有人被拘了！》《注意！铁路沿线这些行为后果很严重！一定不能做！》《处罚！在铁道线上的这些行为不可为！》《全国安全宣传咨询日，这些事情您需要知道！》等75个融媒体作品，切实讲好安全生产故事，积极营造社会共同参与安全生产和爱路护路的良好氛围。

成都局集团公司：发挥青年作用走在安全宣传的最前沿

6月16日，成都局集团公司充分发挥青年作用，组织各单位青年志愿者们走进内江、成都、重庆、贵阳、达州、绵阳、宜宾等地的沿线学校、车站、大街小巷，积极开展安全宣传活动，将安全知识带到大家身边。

内江车务段、内江工务段等单位青年志愿者走进内江市第五小学，通过“安全宣传咨询日”暨“路外安全宣传”活动，向全校1500余名师生们阐述路外安全危险行为和可能造成的后果，向10名“爱路护路小卫士”颁发奖状，并邀请他们乘车前往内江工务段，参观成渝铁路展览馆。成都动车段青年志愿者们走进太平小学、合江小学连续开展两场知路爱路护路主题宣传活动，志愿者们精心编制了铁路安全小知识顺口溜，为学生们带来了精彩的才艺表演，和同学们共同弹唱《孤勇者》等催人奋进的歌曲，赢得阵阵掌声。绵阳车务段、绵阳工务段联合多部门，分别在当地中小学校、绵阳火车站等地开展安全宣传活动，为公众讲解安全知识，其中绵阳火车站开展的“畅通生命通道”避险逃生和消防应急演练，联合了绵阳市消防应急救援支队等11个单位共同参与，在车站实地开展避险逃生演练，帮助参与者们更深刻地理解“畅通生命通道”的意义。

重庆西站“安全宣传咨询日”活动

宜宾车务段青年志愿者在宜宾珙县实验小学，峨眉车务段联合成都高铁工务段等单位在乐山市水口中心小学，西昌车务段联合西昌工电段等单位在德昌县永郎镇中心完全小学纷纷开展相关主题的安全宣传咨询活动。

中铁快运：通过车站窗口平台，面向旅客宣传铁路安全

6月16日，快运公司各分公司在各主要车站营业部搭建宣传展台，开展“安全宣传咨询日”活动。广州分公司组织志愿者走进新开办的广州白云站，向工作人员宣讲“人人讲安全、个个会应急——畅通生命通道”有关知识，向旅客货主发放宣传册，讲解铁路旅客运输安全注意事项、承运货物品类安全运输规定。与旅客货主一道，进行了一次甄别危及铁路运输安全的危险品、违禁品演练。上海物流中心、中铁快运上海分公司、马桥镇社区，共同在闵行站营业大厅门前广场举办活动，通过现场咨询、摆放宣传展板和发放安全生产宣传资料等方式，向广大货主及群众宣传铁路安全生产知识、应急科普知识。哈尔滨分公司佳木斯站营业部积极参与佳木斯站活动，在佳木斯站站前广场设置彩虹门、宣传条幅和咨询台，现场解答公众安全疑问，科普安全常识，热心解答安全生产相关问题。兰州分公司兰州站营业部参加兰州车站在站前广场开展的“安全宣传咨询日”活动。向过往旅客介绍铁路安全法律法规、安全常识、事故案例等内容的同时，营业部员工也从其他专业领域的铁路职工那里学到了客运、车站相关的安全知识，获益匪浅。

哈尔滨分公司佳木斯营业部开展“6・16”安全宣传咨询日活动

上海分公司开展“6・16”安全宣传咨询日活动

蒙冀铁路：施工项目安全生产不容忽视

蒙冀铁路公司结合所管辖的在建铁路项目，组织各参建单位共同开展了“6・16”安全宣传咨询日活动。当天，安全知识讲解、安全警示教育片播放、现场模拟演示、安全知识竞答等环节分区域展开，向参建人员和参与群众普及了一系列安全生产法律法规、安全科普常识、应急处置、消防器材使用、自救互救方法、安全生产知识及施工安全操作规程等安全知识。特别是通过观摩触目惊心的事故案例、切身体验高空坠落及物体打击等方式，参与者们直观感受到各种事故的惨痛后果和确保安全万无一失的重要性，取得了非常好的宣传效果。有参建单位的作业人员现场表示，通过参加此次“安全宣传咨询日”活动，更加深入地了解了生产作业等方面的安全知识，也掌握了安全防范技能，学会了如何在日常工作生活中更好地保护自己和工友的人身安全。

济南西车辆段：面向职工多角度做好宣传教育

济南西车辆段在文体活动中心滚动播放2024年全国“安全生产月”系列主题宣教片、2024年“安全生产月”活动主题片、《全国安全生产治本攻坚三年行动专题片》、《重特大安全生产事故警示教育片》、《安全生产典型事故深度剖析片》，段领导班子牵头组织段内各车间科室现场观看，段本部之外的车间利用远程视频方式观看。

文体活动中心还设置了面对面安全咨询台，通过

安全互动竞答活动

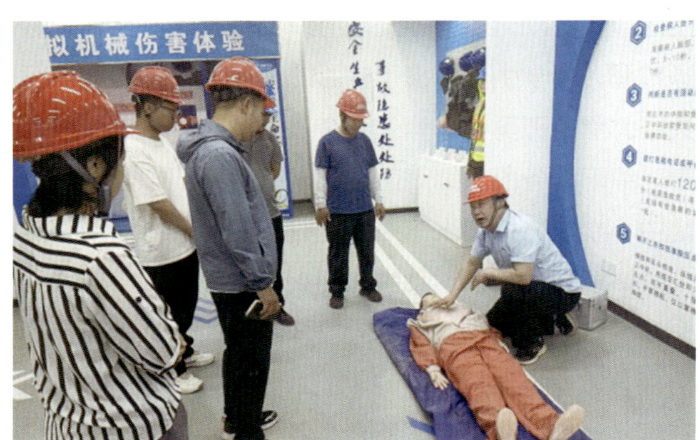

心肺复苏讲解、演练

挂板展示、发放2024年版《生产经营单位主要负责人和安全管理人员安全培训通用教材》《安全生产应急管理人员培训教材》《企业安全管理的7堂课》《企业消防安全知识培训通用教材修订版》等安全生产书籍、现场解疑释惑等方式，聚集畅通生命通道、风险辨识、避险逃生、自然灾害应对、燃气安全和用电安全等科普知识，与职工进行“面对面、零距离、互动式”咨询服务，职工纷纷表示：“这些宣传内容都是我们日常比较关心的事。通过这次咨询日活动，学到了很多安全知识，掌握了生命通道在避险逃生和应急救援中的关键作用，活动很有意义。”

青岛电务段：联合地方护路办开展形式多样的爱缆护缆宣传活动

借助“安全宣传咨询日”活动，青岛电务段积极推进“九市四线”爱缆护缆活动，路地双方工作协同推进、齐力落实，充分发挥行业管理优势，全面摸清胶济线、蓝烟线铁路信号光电缆安全关键。

青年职工深入潍坊市坊子区、昌乐县的胶济铁路沿线大集，为沿线居民讲解铁路安全知识，引导铁路沿线居民认识到烧荒、施工等对铁路信号光电缆安全的威胁，自觉做遵守法纪的好居民。24个现场车间团支部积极开展宣传，充分发挥团员青年在安全生产中的突击队作用，深入走访铁路沿线的企业、农村、社区，以“面对面讲、手把手教”的方式推行“植入式”宣传，进一步帮助沿线群众识别风险、知晓危害、规范行为，广泛普及爱缆护缆安全知识；对铁路防护栅栏外信号光电缆径路的警示标识、标桩进行专项整治，确保光电缆径路安全警示标志和各类安全防护设施应设尽设，齐全有效；在铁路沿线村庄、道口、桥涵等重点区域制作设立喷涂警语的安全警示牌，打造爱缆护缆宣传长廊。活动当日共发放宣传手册5000余份、宣传手袋4500余个、宣传扇4500余把。

喀什车务段：将安全科普知识带到更多群众身边

喀什车务段不仅组织各车站走进候车室、站前广场、县城集市等地广泛开展安全互动体验、安全有奖竞答、安全知识宣讲等宣传咨询活动，还积极参加喀什地区的“安全宣传咨询日”活动。活动当日，喀什站区各车站候车室内悬挂横幅、电子屏幕滚动播放安全知识小短片，工作人员站在安全咨询台前，向往来旅客发放手册、随机现场问答，普及铁路安全法律法规、避险逃生技能等安全知识，营造出浓厚的安全宣传咨询氛围。

喀什车务段还牵头组织喀什站区各单位，向干部职工发出安全倡议，并以诵读口号、现场签名的方式，组织全员作出安全承诺，全面激发干部职工主动履行安全职责，自觉行动积极防范“生命通道”风险。

喀什车务段组织喀什站各单位活动

洛阳供电段：做好安全咨询，就是做好安全文化传播

洛阳供电段在南阳站、邓州站举办了“安全宣传咨询日”活动，铁路职工身着统一制服，精神饱满地投入宣传咨询工作中，提升公众的安全意识和应急避险能力，为铁路供电的安全运行营造良好的社会氛围。

洛阳供电段职工在邓州站候车大厅、站前广场等人员集中场所设立咨询台，布置安全宣传展板，发放安全宣传资料，还邀请专业人士现场为公众解答有关铁路安全的疑问，集中宣传安全生产方针政策、铁路安全法律法规，回答群众关心的安全生产问题。无论是关于列车时刻表、票价查询等日常出行问题，还是关于铁路安全规定、应急处置措施等专业知识，都现场给出准确、详细的解答，这种面对面的交流方式，不仅让旅客们感受到了铁路部门的贴心服务，也让大家更加深入地了解安全生产的重要性。

洛阳供电段在南阳站举办“安全宣传咨询日”活动

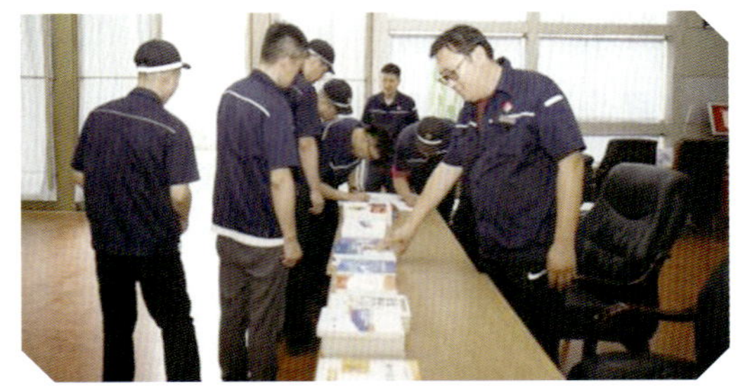
现场咨询活动

银川客运段：将安全课堂设在高铁上

银川客运段邀请银川市西夏区第四小学的 42 名“红领巾”志愿者，在银川开往杭州西的 G1943 次高速列车上开展“‘安全乘车 · 文明出行’安全宣传咨询日”主题活动，为同学们带来了一堂生动有趣的安全实践课。

列车工作人员给同学们介绍上车前的安全要求，讲解如何安全乘坐列车、如何正确使用各种列车设施设备、乘坐高铁禁止携带的危险品种类、行李物品丢失怎么找回及乘车注意事项等内容。“小小红领巾”们跟随列车工作人员一起向旅客发放安全宣传彩页，引导旅客安全乘车，文明出行。

“我第一次知道了很多乘火车的安全注意事项，比如，每节车厢都有一个紧急制动按钮，按下去后，列车就会紧急停止运行；车上有防火隔断门，把它一拉，着火车厢就会立刻阻隔开。”一学到新知识，“小小红领巾”们马上把这些内容分享给车上的大小旅客，并表示回家后还要把学到的内容分享给家人。

列车工作人员向“小小红领巾”们介绍如何正确使用列车设施设备

站前广场合影留念

积极行动强部署　齐心协力保安全

中国铁路郑州局集团有限公司

郑州局集团公司新乡机务段积极响应国家号召，紧紧围绕“人人讲安全、个个会应急——畅通生命通道”主题，深入贯彻落实大安全、大应急、大救援的理念，严格把控组织领导、宣传教育、隐患整治、应急演练等关键，全力推动“安全生产月”活动走深走实。

主题宣讲

一、坚持求真务实，抓好活动推进

1. 周密部署，明确分工。成立“安全生产月”活动领导小组，利用安全生产月度例会、日交班会等时机，认真学习集团公司文件，研究制定推进方案，明确活动内容、具体要求、责任部门等，做到目标清晰、内容丰富、分工明确、责任到人。聚焦当前安全生产所需，组织召开动员部署大会，结合各部门责任分工，分别明确各科室、车间重点工作，确保活动高质量推进。

2. 人人参与，营造氛围。一是开展主题宣讲。将习近平总书记关于安全生产的重要论述和对铁路工作的重要指示批示精神、《深入学习贯彻习近平关于应急管理的重要论述》等内容纳入各级主题宣讲中，通过专题研讨、集中宣讲等方式，全面学习领会习近平总书记关于安全生产重要论述的精髓要义，进一步提升全体干部职工安全责任意识。二是营造浓厚氛围。紧扣活动主题，在重要生产办公场所张贴安全生产月主题挂图及横幅标语 159 幅、设置电子滚动屏 15 处，主题活动展板 8 个，使“人人讲安全、个个会应急——畅通生命通道”主题深入人心。三是狠抓教育培训。在宣贯学习重大事故隐患判定标准的基础上，依托“链工宝”App、“小红书”App、微信公众号等线上平台，积极组织干部职工观看避险逃生训练营视频、开辟专栏、网络答题，提升干部职工避险自救能力。

3. 全面排查，重点整治。一是加强隐患排查。突出“生命通道”畅通情况，由武装保卫科牵头，围绕办公楼、整备场、单身宿舍等人员密集场所，组织开展消防设备设施专项检查、电动自行车消防安全隐患排查整治活动，严查电动自行车“进楼进梯入户”“人车同屋”“飞线充电”，以及占用堵塞消防“生命通道”等违规行为。截至 6 月中旬，共排查消防安全隐患

讲解挂图

①消防安全隐患排查
②警示教育现场

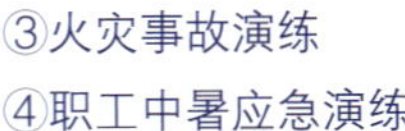

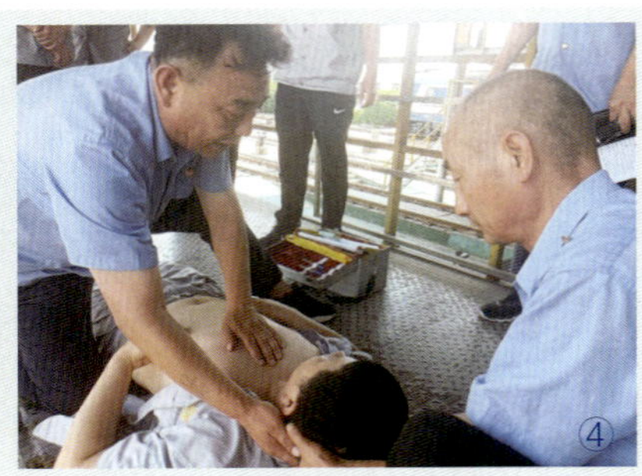

③火灾事故演练
④职工中暑应急演练

24处，整治24处。二是强化后勤保障。由各生产区整备车间、后勤服务车间牵头，对全段职工食堂进行食品卫生安全隐患排查，并及时对重点场所、班组暑期应急药品进行增补，切实保障暑期一线职工的身心健康。三是全力迎战暑运。针对新乡机务段管内地区持续高温，积极开展“送清凉”活动、端午节“送粽子”活动，组织各级工会深入一线，向机车乘务员、检修上车作业人员、整备室外露天作业人员等重点人群送饮品、雪糕、西瓜、粽子等物品，让奋战在暑运一线的广大职工切实感受到组织的关心关爱，充分调动和激发干部职工工作积极性，凝聚“保安全、战暑运、促增收”的强大合力，确保全段暑期安全生产。

二、狠抓工作落实，筑牢安全基础

1. 开展“安全生产月”警示教育活动。围绕“人人讲安全、个个会应急——畅通生命通道”活动主题，由职工教育科牵头，收集汇总近年来各行业重大事故案例，在全段范围内开展2024年“安全生产月”警示教育活动，观看《安全生产　责任在肩》《2024年全国安全生产月活动主题片》《生产安全事故典型案例盘点（2024版）》《道路交通典型事故案例》等宣传片，引导全员牢固树立安全发展理念，提高全段干部职工安全风险意识及自我保护能力，全面唱响活动主题。截至6月中旬，共计开展警示教育59场次，培训2372人次。

2. 持续推进安全宣传“五进”活动。针对近期路外安全环境波动大，由安全科牵头，重新梳理分析机动车肇事、闲杂人员入网、牲畜上道、线路摆障、烧荒、轻飘物等隐患易发多发的重点区域、重点企业、重点学校、重点人群17处。结合夏收农忙的特殊时期，利用悬挂宣传挂图、发放宣传单等宣传形式，精准开展宣传教育“五进”活动17次，不断夯实路外安全基础，营造爱路护路浓厚氛围。

三、开展应急演练，提升应急避险意识

多场景开展各类事故应急演练。按照安全生产月要求，结合机务段2024年度应急演练计划安排，组织各部门协调联动，分场景开展火灾事故、职工伤亡、职工中暑、特种设备事故等多项应急预案的处置演练，共计28场次。参演人员得到通知后，能够第一时间到达现场，把演练场当事故现场，按照职责分工积极参演，保证了应急演练令行禁止、忙而有序，并在演练后及时进行复盘分析，精准查找弱项短板，进一步检验和提高各部门综合应急能力，为完善应急预案提供坚实基础。

（新乡机务段　薛天允　贾栋梁　王振宇）

安全责任重于泰山

中国铁路青藏集团有限公司

为继续深入开展第23个全国“安全生产月”活动，认真落实《国铁集团安委办关于进一步做好2024年全国“安全生产月”活动工作的通知》要求，青藏集团公司按照安全生产月实施方案扎实推进活动各项工作，并督促各单位贯彻落实活动任务清单，确保“安全生产月”活动取得实效。

一、贯彻落实工作部署，扎实推进各项工作

1. 迅速传达国务院安委办全国“安全生产月”活动启动会议精神，对做好全国“安全生产月”活动进行再动员、再部署，进一步压实各部门、各单位责任，做到有组织、有安排、有过程监督、有效果、有评价，有序组织开展“安全生产月”活动。

2. 全面强化施工维修作业人身安全风险管控。集团公司总经理召集各有关部门召开专题施工现场人身安全突出风险研判标识会议，全面研判施工作业现场导致人员群死群伤的重大、较大安全风险，深入分析辨识施工现场人身安全风险38项，其中重大风险22项、较大风险16项，覆盖集团公司各个专业系统，要求各相关部门将风险纳入各系统安全风险库进行重点管控，研究明确进一步加强施工现场人身安全管理的具体措施，主要是普速铁路并线地段施工、上线施工维修作业安全防护、管理干部违章指挥、现场防护员参与作业、补强铁路设备设施位置识别标记、出入段机车带电进入停电区、传递临时限速命令及建设系统加强大型机械设备作业风险管控等，并要求相关部门严格落实。

开展“安全生产月”活动宣讲

二、落实活动任务清单，确保取得实效

按照集团公司开展“安全生产月”活动明确的5项35条具体的任务清单要求，抓实抓细开展活动。

1. 继续深入学习贯彻习近平总书记关于安全生产的重要论述。一是集团公司和站段两级党委理论中心组以《深入学习贯彻习近平关于应急管理的重要论述》为重点，结合习近平总书记关于安全生产的重要论述和对铁路工作的重要指示批示精神，以及年度重点工作推进情况，查漏补缺，保障各项安全重点工作有序推进。二是将学习教育延伸到各党支部，各站段组织干部职工学习习近平总书记关于安全生产的重要论述和对铁路工作的重要指示批示精神，安全生产治本攻坚三年行动、深化铁路安全基础建设三年行动、构建现代化铁路安全保障体系、集团公司1号文件等重点内容，广泛学习

承诺践诺启动仪式

宣传安全生产法律法规、方针政策和安全生产技术知识，明确目标、把稳方向，全力营造“人人讲安全、个个会应急”的良好安全氛围。

2. 宣贯学习铁路交通重大事故隐患判定标准。集团公司安监室组织各业务部室、站段主要领导、分管安全副职及安全管理人员共 177 人，采用线上、线下相结合的方式，举办了铁路交通重大事故隐患判定标准知识讲座，邀请兰州铁路安全监督管理局专家授课，重点围绕铁路交通重大事故隐患判定标准、双重预防机制和全员安全生产责任制，结合《安全生产法》及近年典型事故案例，对重大事故隐患判定标准进行详细讲解，解决在安全管理工作落实中存在的安全管理定位不准、认识不清、思路偏差的问题，引导各部门、各单位主要领导和安全管理人员牢固树立大安全意识、正确理解和认识双重预防机制，取得较好效果。

3. 贯彻铁路安全工作新理念新策略新方法，不断完善管理制度体系和构建作业标准体系。集团公司调度所在全面学习集团公司下发的近五年国内外典型事故案例的基础上，以科室、班组为单位，围绕贯彻铁路安全工作新理念新策略新方法，采取讨论发言和撰写反思材料的形式，对照事故暴露问题及整改措施，深刻反思隐患成因，开展讨论查找短板弱项和风险管控失效根源，并完善管控措施。车辆系统把制度机制建设作为专业管理的基础性工作，实施“体系 + 制度 + 清单 + 指标评价”的管理模式，构建了安全、技术等 6 方面管理体系，配套 136 项管理制度保障体系推进；制定 92 项工作任务清单、46 项检查标准，细化、深化、实化现场岗位作业指导书 2731 份、应知应会提示卡 24 张、干部履职指导书 88 份，对设备维修工、绿化工、水质处理工“小工种、偏远岗位”等冷门死角风险制定安全控制措施，研判劳动人身安全风险 38 项，细化制定管控措施 193 项。选树三级安全员 126 名，构建段、车间、班组三级安全员管理模式，评价体系落实效果，不断夯实专业管理基础。激励职工保安全，对发现防止安全隐患安全立功人员按规定快奖重奖，推动融媒体平台内部安全表彰“红榜”、严重违章“黑榜”建设，不断增强岗位安全风险防范能力。

4. 加强现场安全监督管理强化安全隐患排查整治工作。各房建段、实业公司深入进行消防安全隐患排查整治与消防安全集中除患攻坚大整治行动并组织“回头看”，对职工宿舍、库房、锅炉房、生活燃气设备等部位进行全面检查，并对相关问题进行自查整改，同时对管内“九小场所”、多业态混合生产经营场所、人员密集场所等区域消防安全隐患进行排查，对排查发现的问题组织整改。西宁、格尔木、拉萨等车站结合电动车消防隐患排查整治工作，对车站候车室周边及车站自用停放电动清扫车的处所进行检查，配合公安、消防和反恐支队对候车室消防设备及商铺安全用电、杂物清理等进行检查，对检查发现的问题并已及时向铁旅负责人反馈的落实整治工作，确保西宁车站候车室人员密集场所消防、保安全工作平稳有序。

5. 组织开展生命通道隐患排查治理和应急防范演练。各单位针对安全生产月“人人讲安全、个个会应急——畅通生命通道”主题，组织对人员较为集中的场所（办公楼、职工宿舍综合楼、乘务公寓等）消防通道及指示标识等进行一次集中排查，坚决清除“生命通道”上的各种障碍物，对办公区域、生产生活场所消防设施设备状态、用电安全情况进行一次全面检查，杜绝消防隐患。工务、电务、供电系统以隧道防护门为重点全面进行排查，其中，供电系统对拉林段68处供电专业箱变洞室门共排查发现的22个问题，全部进行了整治。各车务站段组织科室、车间干部职工，以夜间发生火灾为场景，开展了应急逃生演练活动，不断提高干部职工消防安全意识和应急处置能力。车辆系统站段组织开展逃生和应急救援演练工作，模拟地震场景进行应急疏散演练，并开展地震基础知识答题活动，宣传应急疏散知识与技能，干部职工熟练使用避险设备设施，提高干部职工安全防范和应急处置能力。西宁客运段组织开展“安全生产月亲情联谊”活动，向职工及职工家属讲述消防器材使用方法、公共场所安全防护和逃生通道等内容，使职工及家属掌握突发情况下的应急处置能力。

6. 大力宣传“人人讲安全、个个会应急”主题相关知识，树牢“安全责任重于泰山”理念。集团公司工务系统站段主要领导带头，对机关全体干部及部分车间干部职工进行“安全生产月”主题安全宣讲，再次对习近平总书记关于安全生产的重要论述、安全生产小知识等进行宣讲，铸牢人员“安全第一”的思想理念，营造人人讲安全的氛围。集团公司电务部及电务系统各段为营造“安全生产月”活动浓厚氛围，制定题为“人人讲安全、个个会应急——安全生产月”宣讲提纲，利用日常检查等时机，及时开展宣讲，使“人人讲安全、个个会应急——畅通生命通道”活动主题深入人心，让全体职工进一步明确开展“安全生产月”活动的目的和重要意义，时刻牢记“安全在我心中”，牢固树立安全生产意识。车辆系统推进车间班组家园文化建设，组织开展“笔尖绘安全——畅通生命通道”、“树家风、叙亲情、保安全、促和谐”职工家属座谈会等活动，征集职工热点难点问题29个，召开4次职工热点难点问题专题会议。此外积极组织开展家庭保安全、亲情保安全等活动，通过班组“全家福”照片、“亲情寄语”专栏、征集安全家书等形式，构筑共保安全的亲情防线。

青藏集团公司向智慧科技化、绿色可持续化方向发展，对照“三个工作主线”“三个年建设”“五位一体”“六个一流”高质量发展的规划目标，对标对表，补强短板，完善措施，强化问题导向和底线思维，紧扣突出问题和风险挑战，聚焦发展短板和薄弱环节，集中力量加以攻关解决，努力实现率先突破。以全面规范专业类管理制度、技术规章、工作标准、作业流程为抓手，形成架构合理、系统全面、协调配套、运行高效的管理体系，提升基础管理标准化规范化水平，为集团公司高质量发展提供强大的支撑。

开展反恐防暴演练

在火车上介绍“安全生产月”活动

（青藏集团公司　朱红寿）

吹响安全号角　筑牢平安之路

中国铁路上海局集团有限公司

6月16日是“安全宣传咨询日”，上海局集团公司所属各单位以“人人讲安全、个个会应急——畅通生命通道”为主题，开展形式多样的安全宣传活动，走进校园社区、田间地头，播放安全宣传视频，与学生、群众互动，将“安全生产月”活动推向高潮。

一、“安全文化大餐”送进农贸市场

南京供电段联合宣城市铁路办、宣州区济川街道、东河社区、宣州市场管理处等，组织人员来到新建紧邻合杭高铁的宣州农贸市场，开展“6·16”安全宣传咨询日活动。

此前，这里是一片用活动板房、塑料雨棚搭建的棚户区，塑料雨布、防晒网、塑料袋等轻飘物给高铁供电安全带来极大威胁。为此，南京供电段多次上门走访宣城市相关部门，寻找解决办法。宣城市人民政府快速响应启动临时农贸市场搬迁事宜，在相邻街道的新建商城为临时农贸市场的商户，重新规划了一片封闭的经营场所。

走进铁路线附近的农贸市场发放安全手册

为扩大宣传受众范围，南京供电段宣城高铁供电车间宣传小分队早早来到新建的市场门口，搭台子，将以铁路安全知识宣传漫画、隐患整治标准、典型事故案例等为主要内容的展板，一一展现。桌上摆放整齐的宣传手册、印有安全提示的餐巾纸等宣传品，引得附近的居民一一驻足、咨询学习。宣传小分队还两两组队，带上宣传画册，将“铁路安全文化大餐”送进市场的商户手中，叮嘱他们牢记安全规定，人人争做安全保障员。

二、车警联手为旅客讲安全

“各位旅客，随身携带的行李要摆放在行李架上或座位下，避免堵塞逃生通道。”

一场以“人人讲安全，个个会应急——畅通生命通道”为主题的安全宣传咨询活动正在K465次列车上举行。此次活动由杭州客运段甬西车队与杭州乘警支队一大队携手举办，旨在提高旅客的安全意识，确保列车运行安全稳定和旅客平安出行。为了更加生动形象地讲清安全知识，工作人员精心准备了展板和宣传手册，向旅客普及上下车时遵守秩序的重要性，介绍行李摆放的要点，以及乘车时需注意的安全事项。

活动现场，旅客们认真聆听工作人员的讲解，并积极参与互动问答。乘客们纷纷表示，通过参加这次活动，他们更加深入地了解了安全乘车的重要性，也学会了如何在紧急情况下采取正确的应对措施。

三、青马讲师进学校讲安全

“各位小朋友们，小董老师想问问大家知不知道6月16日是什么日子？”上海市宝山路小学内，来自上海工务段的志愿者们化身小董老师，为该校80余名师生带来了一堂别开生面的铁路安全知识教育课。为提升铁路周边中小学生的铁路安全风险意识，上海工务段以“安全宣传咨询日”为契机，积极与铁路沿线学校对接，组织青年志愿者走进学校，通过课堂讲解、互动答题、发放安全宣传图书等方式，与小学生面对面宣传、讲授高铁安全知识。担任此次活动课堂老师的是集团公司青马讲师、上海工务段团委委员董煜峰，也是铁路安全宣传知识宣传的“网红”老师。他将铁路安全知识放在宣讲内容中，制作了动画课件，由浅入深，生动形象地为小学生讲解高铁常识、路外安全常识，同时讲述了安全生产的重要性，呼吁小学生们化身小小安全员，共同守护高铁安全。“这堂安全知识宣传课在学生们心中种下了保安全的种子，宣传效果明显，希望这样的活动能经常在我们学校开展。”活动得到了该校年级辅导员的好评。据悉，上海工务段还联合上海客运段的青年志愿者们一起登上D952次列车，面向旅客们开展铁路安全知识宣讲，让铁路

在K465次列车上向旅客宣传铁路安全知识

青马讲师给学生们上了一堂生动的铁路安全知识课

安全知识“飞”入车厢，切实增强旅客的安全意识。

四、为小学师生送“安全锦囊”

“同学们，我们能否擅自进入铁路货场、车站站场或是跨越铁路护网等区域玩耍呢?”芜湖车务段火龙岗站的车站值班员站在火龙岗中心小学的操场上，面对着 100 多名师生提出问题。“不可以!”学生们纷纷举手，争先恐后地回答，声音此起彼伏。为了让铁路安全知识深入人心，该段结合学校的实际情况，精心准备了系列宣传展板。志愿者们结合展板内容，以通俗易懂的话语，讲解了铁路安全常识、铁路标识的含义等。师生们聚精会神地观看展板，有的学生还主动提出疑问，志愿者们耐心解答，引导学生理解安全知识。同时，还准备了互动环节，通过有奖竞答，赠送安全宣传手册、安全宣传纪念品，激发大家对铁路安全知识的兴趣。学生们积极参与，争相举手回答问题。此外，青年志愿者们还将铁路安全知识融入情景表演中，通过扮演不同角色，模拟铁路沿线可能发生的情况，让师生们在观看表演的过程中，更加直观地了解铁路安全的重要性。

五、把安全知识讲给村民听

“乡亲们，咱们脚下的这条铁路，是咱们村连接外界的重要纽带，也是国家经济的动脉。保护好它，就是保护我们自己的生活和未来。”上海通信段海安通信车间的职工耐心地和村民们说。6 月 16 日，海安通信车间积极组织开展铁路安全知识宣传活动，向沿线村民讲解铁路安全基本常识、铁路法律法规，以及铁路沿线光电缆设施保护知识。“不要在铁路沿线燃烧秸秆，不要让养殖的鸡鸭进入铁路线，保护自身安全，也是在保障铁路安全。”刘倪平通过生动、真实的案例讲解，让铁路安全知识变得简单易懂，村民们都听得津津有味，有的村民还提出自己的疑问。安全知识宣传活动得到村民们的积极响应和好评。许多村民表示，通过这次活动，他们更加深入地了解了铁路安全知识，也增强了自身的安全意识和防范能力。同

宣传小分队走农入户

上海市首个路地共建铁路公园

路外环境安全宣传栏

现场督办隐患整治

时，他们也纷纷表示要积极向家人，尤其是顽皮的小孩讲解这些安全知识。

六、铁路安全教育基地亮相“彩虹公园”

上海市场中路道口车流往来繁忙，道口一侧的彩虹公园里，来自上海工务段、上海市虹口区江湾镇街道办事处的相关负责人共同为场中路道口彩虹公园揭牌。这是上海市首个路地共建铁路公园，也是又一个“铁路安全教育基地”。

公园整体装修为活泼、跳跃的彩虹色，融入了铁路火车模型座椅、铁路安全知识宣传展板、上海工务段原创铁路安全宣传漫画等“铁”元素，不仅给周围居民提供了一个放松、休闲的好去处，还在潜移默化中提高了居民爱路护路意识。上海工务段、江湾镇街道办事处的志愿者们，向经过道口的市民和前来参观的群众，发放自制的铁路安全漫画和铁路安全知识宣传册。过往群众纷纷在守护铁路安全主题横幅上，签上自己的名字。

七、检企联动整治外部环境“钉子户”

2024 年以来，上海局集团公司认真落实最高检办公厅、国铁集团办公厅部署要求，加大铁路沿线环境安全检察公益诉讼力度，利用“双段长”工作机制与地方职能部门一同勘查现场，走访涉事单位、关系人及政府相关部门，排查管内铁路沿线安全环境整治突出问题 77 个，从中梳理铁路沿线油气管线高危安全隐患，飘浮物、危树，铁路沿线违法施工、侵占、经营等长期难以解决的问题，移交上海市人民检察院第三分院（铁检分院），助推重难点问题解决。

针对隐患整治不力，解决问题阻力较大的处所，上海局集团公司积极联系铁检机关，反映问题，提供翔实资料，推动检察机关向有关责任部门下发检察建议书或实施公益诉讼，通过深化检企合作，争取 2024 年年底前完成移交问题整改，促进铁路沿线安全环境整治不断取得新成效。

（融媒体中心　安全监察室）

精心组织　突出特色
全面部署开展"安全生产月"活动

中国铁道科学研究院集团有限公司

2024年6月，铁科院集团公司贯彻落实《国铁集团安委会办公室关于做好2024年全国"安全生产月"活动的通知》要求，按照"人人讲安全、个个会应急——畅通生命通道"活动主题，全面部署开展"安全生产月"活动，围绕学习贯彻习近平总书记关于安全生产的重要论述、畅通生命通道宣传和演练、开展"安全宣传咨询日"活动、持续推进安全宣传、排查整治重点领域安全隐患等方面全面推动落实，扎实推进"安全生产月"各项工作。

一、深入学习贯彻习近平总书记关于安全生产的重要论述

铁科院集团公司及所属各单位主要负责人亲自组织、亲自部署，以《深入学习贯彻习近平关于应急管理的重要论述》为重点，通过专题研讨、集中宣讲、交流培训等方式，深刻领会习近平总书记关于安全生产重要论述的精髓要义。各单位组织开展重大事故隐患判定标准宣贯学习，梳理本单位及国内外安全事故、严重质量问题典型案例，突出重点开展反思，切实把学习成果转化为推动铁路高质量发展的创新思路、务实举措、有效方法。

5月底，铁科院集团公司机关党委利用党费，为机关每位干部职工购买了应急管理部主编的《深入学习贯彻习近平关于应急管理的重要论述》，并将《习近平总书记关于安全生产的重要论述摘编》纳入机关各支部6月重点学习内容。机关党委以上率下、先行示范，组织各部门深入学习贯彻习近平总书记关于应急管理的新理念、新思路、新战略，结合业务实际，思考谋划抓好安全管理的思路和措施。

6月3日至6日，铁科院集团公司组织举办所属单位业务部门负责人安全管理专题培训班，115名所属单位业务部门负责人参加了培训。培训邀请了铁路行业及安全管理领域专家学者授课，重点讲解了习近平总书记关于安全生产的重要论述、《安全生产法》、双重预防机制、安全监督检查、应急处置等管理课程，以及劳动安全、消防安全、施工安全等专业课程，进一步提升了学员的安全意识和安全管理能力，为防范

举办安全管理专题培训班

组织研讨交流

化解安全风险，针对性排查治理安全隐患，坚决确保铁科院集团公司安全稳定，服务支撑铁路运输安全打下坚实基础。

二、组织开展畅通生命通道宣传和演练

6 月 13 日至 14 日，铁科院集团公司举办了消防安全理论与实践培训，所属单位 100 余名专兼职消防安全管理人员参加了培训。培训在专业化消防培训基地开展，理论培训方面，讲授了消防基础理论、火灾成因、电动自行车火灾危害与扑救、疏散逃生等基础知识；实践演练方面，以 VR 虚拟场景、实物展示、模拟互动等形式开展了火灾隐患排查、119 报警、烟雾逃生、高空缓降、火灾应急处置、消防器材灭火等场景演练。经过专业化讲解和现场模拟演练，参加培训的人员对消防隐患排查、火灾事故应急处置、消防器材设施使用，以及电气火灾成因和消防报警系统的工作原理等有了更深入的了解与掌握，全面提升了消防安全专业管理素质和履职能力。

所属各单位通过组织开展“生命通道”知识宣讲、避险逃生知识竞答、应急物资使用实训、灭火和疏散逃生应急演练等活动，广泛宣讲生命通道标识的含义和识别方法、保持畅通的必要性和法律责任，普及应急疏散知识与技能，提升员工应急避险和自救互救能力。

三、切实开展安全宣传教育活动

（一）利用网络培训平台开展全员安全教育

铁科院集团公司利用企业安全生产网络培训平台，组织开展安全生产月专题宣教，推动全员树牢安全发展理念，提升风险防范、安全应急意识和自救互救能力。专题宣教共设置 8 门课程（必修、选修各 4 门），分别为“2024 年安全生产月主题片”“安全生产责任在肩”“全国安全生产治本攻坚三年行动专题片”“逆境求生”“安全生产　警钟长鸣 Ⅱ——重特大安全生产事故警示教育片”“生命重于泰山 Ⅱ——安全生产典型事故深度剖析片”“隐患直击——祸从违章来（十）”“痛 • 思——火灾警示录 2024”，合计 8.5 学时（必修 3.8 学时、选修 4.7 学时）。截至 6 月 20 日，集团公司共有 4080 余名员工登录平台学习，总计 2.54 万学时，人均 6.22 学时，取得了较好的宣传教育成效。

火灾烟雾场景应急疏散演练

消防 VR 虚拟现实互动体验

（二）组织开展职工思想动态分析

6 月中旬，铁科院集团公司党委把组织开展“安全生产月”活动纳入二季度职工思想动态分析工作，聚焦“人人讲安全、个个会应急——畅通生命通道”活动主题，广泛调研干部职工对深入学习贯彻习近平总书记关于安全生产的重要论述、组织畅通生命通道宣传和演练、开展“安全宣传咨询日”活动、持续推进安全宣传教育、排查整治重点领域安全隐患等部署要求的了解掌握情况，全面掌握集团公司干部职工的安全思想状态，进一步提升全员安全意识。

（三）广泛开展安全宣传和警示教育

铁科院集团公司积极组织广大干部职工参加“畅通生命通道”系列疏散逃生演练、“避险逃生训练营”短视频新媒体展播、“危急时刻之生命英雄”应急科

灭火毯灭火实操演练

讲解过滤式呼吸器使用要领

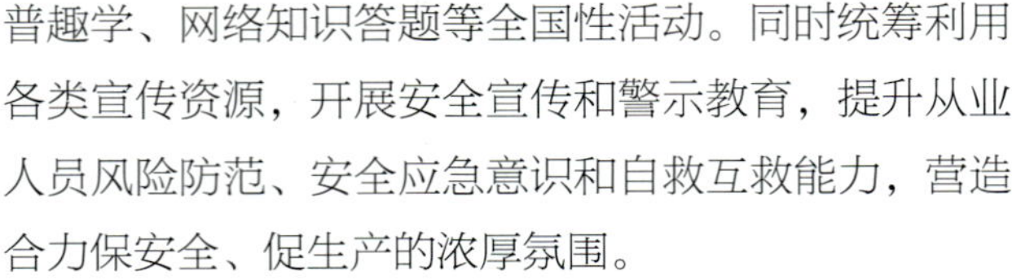

普趣学、网络知识答题等全国性活动。同时统筹利用各类宣传资源，开展安全宣传和警示教育，提升从业人员风险防范、安全应急意识和自救互救能力，营造合力保安全、促生产的浓厚氛围。

四、深入排查整治重点领域安全隐患

铁科院集团公司认真贯彻落实国铁集团安全大检查、重大事故隐患专项排查整治、深化安全基础建设三年行动等工作部署，围绕营业线施工、上线产品质量、试验检测、联调联试、防火防爆等重点领域，深入排查整治安全问题隐患，确保安全有序。

铁科院集团公司高度重视全国“安全生产月”活动，贯彻落实国铁集团部署要求，精心组织，突出特色，落实好“安全生产月”各项活动。院所两级主要领导亲自组织制定实施方案，明确责任部门、责任人和重点工作分工，确保层层有人抓、事事有人管、件件有落实，确保各项活动取得实效。同时把“安全生产月”活动与集团公司安全大检查、重大事故隐患专项排查整治、深化安全基础建设三年行动等重点工作有机结合，与推动安全生产责任制落实贯通衔接，全力防范化解重大安全风险，努力提升安全生产管理水平，切实保障集团公司安全稳定，为铁路安全提供有力支撑。

（安全质量部　徐　上）

组织观看安全教育警示片

电子屏循环播放主题宣传片

悬挂安全生产月主题横幅

畅通生命通道　共享安全出行

中国铁路广州局集团有限公司

为深入贯彻习近平总书记关于安全生产的重要论述，坚持“人民至上、生命至上”，牢固树立总体国家安全观，强化大安全意识和风险隐患意识，切实提升安全生产能力水平，按照国铁集团部署要求，广州局集团公司以“人人讲安全、个个会应急——畅通生命通道”为主题，积极开展安全生产宣传咨询活动，通过周密策划广泛传播安全知识，提升应急能力，持续增强铁路员工与旅客共保铁路安全合力。

一、精心组织，确保活动有序高效

广州局集团公司高度重视本次“安全宣传咨询日”活动，提前制定了详细的活动方案，成立了筹备协调组和活动执行组，明确了活动流程、责任分工和时间节点，确保活动有序开展、取得实效。

6 月 16 日上午，广州局集团公司在广州白云站候车室组织开展“安全宣传咨询日”活动，现场邀请铁路公安民警、消防员、志愿者及铁路员工等 100 多人参加，广州铁路监督管理局进行现场指导。

广州白云站“6・16”安全宣传咨询日

活动现场不仅设置了咨询服务台，邀请专业安全咨询团队随时回答安全问题；还准备了安全宣传手册等各种安全资料，向参与者和旅客发放。通过多样化的宣传手段，多形式、多渠道开展安全宣传咨询活动，广泛传播了消防安全、反恐防暴、爱路护路等安全知识，为广大铁路员工和旅客送上一顿“安全知识”大餐。

二、创新活动形式，提升参与体验

为了让活动更加生动有趣，现场创新设计了一系列互动环节，包括安全倡议、现场普法、安全知识问答、消防器材演示、急救情景剧等。通过这些新颖的形式，参与者不仅能够学习到实用的安全应急知识，还能亲自体验到安全操作的重要性，从而加深理解和记忆。

1. 安全倡议。“时刻牢记安全第一，严格遵守安全法规，积极履行安全职责。认真学习安全知识，不断提高应急能力。人人讲安全，个个会应急，让我们携手努力，共同畅通生命通道，为铁路运输安全贡献自己的力量。”铁路员工代表掷地有声地发出安全倡议。

2. 普法宣传。广州白云站派出所民警围绕知法、

铁路员工代表发出安全倡议

铁路民警普法宣传

发放安全宣传资料

急救情景剧

消防器材介绍与演示

守法进行现场法制宣传教育，为广大旅客和铁路员工上了一堂生动的法制课。

3. 消防器材演示。广州市白云区金碧消防救援站代表采用通俗易懂的语言，向群众讲解日常生活中如何预防火灾、如何进行火场逃生自救、拨打 119 报警电话需要讲清楚哪些信息等消防知识，详细介绍并演示了各类消防器材使用场景、操作方法及注意事项。

4. 急救情景剧。广州市手拉手志愿服务促进会通过“遇到有人昏迷，怎么急救?”情景剧的形式进行现场应急救援演示，同时邀请热心群众上台学习急救小知识，让大家通过实操了解了心肺复苏按压的位置和动作要领，确保在日后工作生活中遇到突发事件和意外时，能及时采取有效措施进行应急救护。

此外，活动现场还布置了“警民联动、反恐防暴”“爱路护路、人人有责”“人人讲安全、个个会应急”三个主题展板及咨询展台，通过案例展示、现场咨询、发放安全知识手册等形式，向过往旅客宣传铁路安全、消防安全等知识，形成浓厚宣传氛围。本次活动共向旅客宣传安全知识，发放消防、急救等安全宣传资料 1200 多份，手摇扇 200 多把。

三、确保活动效果，深化安全意识

为确保活动效果，提升宣传质量，在活动结束后，通过问卷调查、意见反馈等方式，收集参与者的意见和建议，以便更好地评估活动效果，也为以后的安全宣传咨询活动提供参考。此外，还整理了活动中的精彩瞬间和重要信息，通过广铁头条等平台进行二次传播，扩大活动的影响力。

（广州局集团公司　曾凡辉）

四个依托　助力“安全宣传咨询日”活动

中国铁路太原局集团有限公司

2024 年 6 月是第 23 个全国“安全生产月”，太原局集团公司围绕“人人讲安全、个个会应急——畅通生命通道”主题，认真开展“安全宣传咨询日”活动，以进一步提升铁路安全意识，凝聚路内、路外共保铁路安全畅通的强大合力。

一、依托地方平台，向广大市民宣传铁路安全

太原局集团公司及所属相关站段作为地方政府安委会成员单位，积极参加地方政府举办的“安全宣传咨询日”活动，通过摆放安全宣传展板、设置安全咨询台、分发宣传手册、解答群众疑惑等形式，向广大市民宣传铁路安全知识。

6 月 16 日上午，太原局集团公司联合西安铁路监督管理局、山西省人民检察院太原铁路运输分院共同参加了山西省安委办会同太原市安委会、晋能控股集团在晋阳湖国际会议中心（庆典广场）举行的“安全宣传咨询日”活动。在活动展台，重点向广大市民讲解了《中华人民共和国铁路法》《铁路安全管理条例》《山西省铁路安全管理办法》，以及公益诉讼等科普知识，回答了人民群众关心的铁路安全问题。活动共计发放宣传页（册）、折扇、卡包、毛巾等宣传品 1600 余份，接受咨询 600 余人次，赢得了广泛赞誉，有效提升了共筑铁路安全屏障的法制意识和能力素养。

榆次站参加了晋中市安委办在工人文化俱乐部广场举办的“安全宣传咨询日”活动。活动现场设立咨询服务台，车站职工通过发放宣传资料、现场解答疑问等形式，向市民讲解了铁路安全常识和有关法律法规，讲清破坏、损坏铁路线路、通信信号设备的严重性，为铁路沿线治安持续稳定和居民安全出行起到良好的推进作用。

二、发挥车站优势，向广大旅客宣传铁路安全

太原局集团公司利用各客运车站人流量大的特点，通过在候车室或站前广场设置展台、发放宣传册、赠送印有安全宣传知识的小礼品等形式，为旅客提供“面对面、零距离、互动式”的安全咨询服务。

6 月 16 日，太原车务段在武乡站通过设置安全咨询台、开设有奖问答、发放宣传资料、签署安全承诺等方式，向广大旅客传播铁路安全法律法规、铁路安全常识和爱路护路安全知识，讲解公共场所消防安全、反恐防暴、职业健康、应急处置、自救互救方法等公

开展山西省“安全宣传咨询日”活动

共安全常识，回答旅客关心的铁路安全出行问题，共免费发放各类安全宣传手册300余份、各种安全宣传品100余件。在模拟应急演练环节，采取模拟推演和实战演练相结合的方式，按照火情报告、安全警戒、应急灭火、人员疏散、交通管制、医疗救助等步骤有序展开，取得了较好的演练效果。

大同车务段除了发放安全宣传单、现场解答铁路方面的安全问题外，管内各客运车站还利用LED屏、横幅标语等宣传媒介，集中推送和播放爱路护路、关注铁路安全等公益广告和安全短视频，积极向公众宣传安全生产、防震减灾、应急救援、消防安全等知识。

三、深入铁路周边，向重点人群宣传铁路安全

太原局集团公司认真梳理近年来各类路外隐患易发多发的重点区域、重点企业、重点学校、重点人群，利用“安全宣传咨询日”的机会，针对性开展路外安全宣传。

朔州工务段将活动现场设置在宁岢线K3+850道口附近，通过现场咨询、摆放展板、发放宣传品、宣传讲解等形式，向广大群众普及铁路道口安全知识。现场共摆放宣传展板3块，向过往居民群众发放铁路道口安全宣传手册800余份，以及印有铁路道口安全宣传标语的宣传袋、小礼品500余份，切实提高广大群众铁路道口安全通行意识。活动结束后，工作人员走进宁岢线铁路周边下河南村委会、社区，对100多名村民讲解铁路安全知识，发放铁路安全宣传单150份、铁路安全宣传纪念品120份，重点强调破坏铁路防护栅栏私自进入铁路的危险性，让村民了解守护铁路安全、保护自身安全的重要性。

①榆次站工作人员向市民进行安全宣传
②太原南站工作人员向旅客介绍安全知识
③大同车务段认真开展“安全宣传咨询日”活动

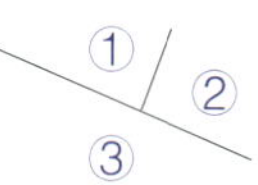

太原车务段在武乡站候车室开展消防演练

朔州车务段将铁路附近的5所小学作为宣传重点，集中开展知路爱路护路宣传教育，通过走上讲台讲解铁路安全知识、回答学生提问等形式，有力提升学生的安全意识。活动中共发放彩笔、套尺、橡皮等学习工具600余套，铁路安全教育资料300份，受教育人数500多人。

侯马北车辆段向职工宣传安全知识

朔州工务段向道口附近村民介绍安全知识

四、自己搭建平台，向广大职工宣传铁路安全

太原局集团公司不仅向社会面宣传铁路安全知识，各站段也充分利用“安全宣传咨询日”的机会，向本段职工进行安全宣传，提升干部职工的安全意识。

侯马北车辆段在机关院内悬挂安全生产月宣传咨询日条幅，设置学习展板、发放宣传册和各类书籍等供干部职工学习。安全科为职工现场答疑解惑，明确各岗位作业标准及风险隐患，让职工明白按标作业是保障自身安全和作业安全的前提。保卫科为职工讲解灭火器使用方法及日常用火用电安全注意事项，为职工日常工作和生活提供安全保障。在有奖问答环节，安全科将日常作业中的安全关键项点设置为答题内容，鼓励干部职工踊跃参与，你一言我一语将安全知识铭记在心。在授书环节，段领导为各车间颁发安全生产月相关学习书籍，并嘱咐在场的干部职工把安全生产当作一项常抓不懈的工作，时刻紧绷思想之弦，压实安全责任，落实岗位作业标准，确保各项工作安全稳步推进。

侯马北机务段通过组织开展安全宣讲和发放安全宣传页，开展候班楼模拟火灾应急疏散演练和食堂扑救初期火灾演练，邀请医务人员现场讲解演示心肺复苏、海姆立克急救法、心脏除颤仪使用方法等急救知识，扎实开展“安全宣传咨询日”活动，赢得了职工群众的一致好评。

（太原局集团公司　张宏伟）

发挥资源优势
多形式多载体服务开展“安全生产月”活动

中国铁道出版社有限公司

2024年全国第23个“安全生产月”活动开展以来，铁道出版社公司认真贯彻落实国铁集团安委会部署要求，把开展好“安全生产月”活动作为当前重大政治任务，在全员学习、规范执行、注重实效上下功夫，注重发挥资源优势，通过图书出版、拍摄制作警示教育片、策划制作“中国铁路”知乎号特别节目等多种形式和载体，积极为全路开展“安全生产月”活动做好服务。

一、加强铁路安全重点图书策划出版发行

为适应加强铁路安全重点工作需要，积极组织策划选题，联络协调4个铁路局集团公司推进《铁路劳动安全》教材编写，推进18个铁路局集团公司防洪系列三维地形图设计制作，先后编辑出版《铁道安全》《铁道护路联防》《铁路职工安全风险管理》《铁路典型事故案例》《铁路消防、反恐防范及护路巡防工作典型案例汇编》《铁路安全教育宣传片》等一大批优秀图书和音像产品，制作完成北京、太原、昆明、乌鲁木齐4个铁路局集团公司防洪三维地形图，为铁路安全工作提供更多更优的知识服务。特别是2024年安全生产月期间，在国铁集团安监局和铁道学会安委会的指导下，开设北京铁道书店官方微店“安全生产月”专栏服务指南，制作“安全应急宣教产品征订单”推介117种安全应急图书及帆布袋、练习本、学习尺

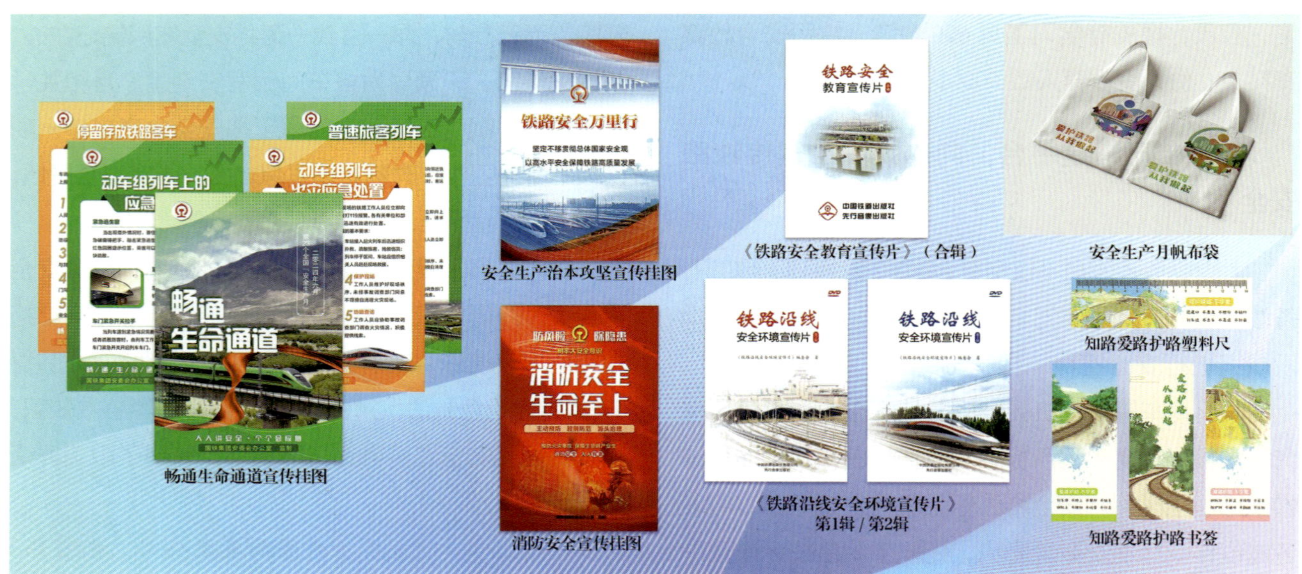

安全生产相关宣传品

等安全生产相关宣传品，推动形成“人人讲安全、个个会应急——畅通生命通道”的宣教氛围。聚力承担《铁道安全——安全生产月活动专辑》编辑出版工作，多次召开选题会、审稿会推进工作，优选精兵强将组成编辑团队，高标准完成选题策划、文字编辑、版面设计等工作，保证全路安全工作的集体智慧和成果按时结集出版，促进路内各单位更好交流互鉴先进经验和做法。同时，落实国铁集团“安全生产治本攻坚三年行动方案”，制定出版社公司重点任务及工作措施，常态长效开展安全隐患排查，强化风险隐患防范，提升应急处置能力。

二、拍摄制作铁路典型事故案例警示教育片

安全是铁路永恒的主题，是铁路行业的生命线。铁路系统始终把安全放在各项工作的首位，把确保安全作为首要任务。任何对安全生产的疏忽和漠视，都可能带来无法挽回的后果。加强安全警示教育，深刻吸取事故教训，保持警钟长鸣，以事故为镜，思事故之鉴，防范安全生产事故发生，是抓好安全工作的重要内容。2024 年，出版社公司积极承接国铁集团安监局组织的《铁路典型事故案例警示教育片》拍摄制作任务。警示教育片以 5 起铁路典型事故案例为基本素材，通过影像情景再现的方式讲述事故经过、剖析事故原因、提出预防措施，涵盖了车务、机务、工务、电务、货运、自然灾害等专业，向广大干部职工传递抓好安全生产的极端重要性，提高自我保护能力和安全意识，达到以案促改、防范事故发生的目的。出版社公司制作团队克服拍摄工作时间紧、任务重、要求高等难题，多次修改完善警示教育片文字脚本，赴相关铁路局集团公司调研并采集资料，用心用力拍摄制作好系列警示教育片。同时，主动与各铁路局集团公司对接，积极做好个性化服务，6 月中旬相继完成有关单位警示教育片、微课等订制视频产品制作。

三、策划制作“中国铁路”知乎号“安全生产月”特别节目

在日益繁忙的铁路交通网络中，确保铁路安全已成为全社会共同关注的焦点。为进一步提升广大旅客和铁路职工对铁路安全重要性的认识，普及铁路安全知识，培育安全文化，紧扣 2024 年“安全生产月”主题，结合出版社公司出版发行的《中学生铁路安全知识》《小学生铁路安全常识》《铁路职工安全风险管理》等安全类重点图书，精心策划了“书香铁路——列车小讲堂”特别节目“平安铁路在我心　安全行动伴我行”。节目特别邀请来自铁路系统一线经验丰富的优秀职工作为嘉宾，通过访谈、问答等形式，借助生动的案例、专业的知识和切身的体验，深入浅出讲述机务、工务、电务、供电、车辆、安监管理等各系统安全工作特点和要求，讲好铁路安全故事。节目组广泛收集素材，做好特别节目的视频剪辑与包装，通过“中国铁路”知乎号进行直播，为观众呈现一场内容丰富、别开生面的铁路安全知识科普交流活动。同时，对特别节目视频进行二次剪辑，进一步拓宽铁路安全知识传播渠道，努力扩大安全知识普及范围，不断提高公众认同和维护铁路安全的意识。

录制“书香铁路——列车小讲堂”节目

“平安铁路在我心　安全行动伴我行”节目

（综合管理部　祝　松　尹国栋）

坚守安全红线　消除安全隐患

中国铁路哈尔滨局集团有限公司

按照《国铁集团安委会办公室关于做好2024年全国“安全生产月”活动的通知》《黑龙江省2024年“安全生产月”活动实施方案》文件要求，哈尔滨局集团公司围绕“人人讲安全、个个会应急——畅通生命通道”主题，扎实做好活动期间各项工作。

一、坚持思想引领，强化安全警示教育

组织开展“敬畏规章、敬畏安全”专题教育，“安全生产大家谈”“班前会”“以案普法”“亲情联谊”等活动，通过观看“安全生产月”主题宣传片、《安全生产　责任在肩》警示教育片、事故警示教育片、典型案例解析片及干部下基层现场宣讲等形式，引导全员牢固树立安全发展理念。例如，哈尔滨车辆段加大对行车安全、作业安全、人身安全的宣传力度，让安全理念入脑入心。

1. 提炼安全理念。全员征集安全文化理念，通过讨论提炼总结“三不、三作为”，作为试点车间安全文化理念，即不冒险，把主动避险作为生产组织的首要环节；不蛮干，把作业指导书作为现场作业的第一遵循；不隐瞒，把安全信息作为根挖分析的重要资源。根据试点车间班组不同作业特点总结出如连结组“作业不分心、车钩不分离”、架落车组“升起的是希望、落靠的是责任”等原创理念117条，利用交班会、党员大会、宣传板等形式进行宣传，使安全理念深入人心。

2. 完善警示标识。持续开展“敬畏规章、敬畏安全”主题教育，在试点检修车间作业职场设立安全标志329个，建立职业危害告知卡4个，消防安全提示卡347个，其他安全标志27个，作为行动规范和工作指南。利用滚动大屏播放安全谚语和警句，让职工进入职场就能看到安全提示，引导职工自觉遵规守纪，营造共筑安全屏障的浓厚氛围。

3. 深化警示教育。梳理29起历史同期典型职工伤害伤亡事故案例，组织职工从中深刻吸取教训，从严“两纪一化”管理。每季度制作宣传典型违章违纪问题案例视频，利用交班会、班组政治学习等形式开展警示教育，组织职工交流讨论、对照反思，引导职工做到防微杜渐、防患未然。

二、实施隐患排查，扎实开展专项行动

1. 全面开展安全大检查。按照国铁集团安全大检查通知要求，哈尔滨局集团公司按照通知要求，重新制定了《关于深化安全大检查　确保运输安全持续稳定的通知》，结合中央巡视“回头看”整改，从思想、管理、作风、落实四个方面深入开展检查反思，从现场作业、设备质量、劳动安全、消防危化品安全、安全环境和综合治理、安全关键管控等方面深入开展安全大检查，着力解决安全管理中的突出问题。6月4日至12日，集团公司专业部门、各站段（建设、经开单位）共出动18730人次，发现各类问题16462件，其中管理缺陷4079件，人的不安全行为8183件，物和环境危险状态3937件。

2. 切实保障旅客通道安全。5月20日至6月5日，安监室牵头组织相关部门、单位重点从电梯的安全管理制度落实、日常管理、维保管理三个方面开展检查。共检查36个单位部门的电梯314部，发现问题166件，下发安全监察通知书8份。通过检查发现并督促整改了电梯日常检查、隐患排查制度未结合本单

位实际制定管理制度建立不完善，技术档案资料不规范、缺少改造单位资质证明等，基坑进水隐患、紧急呼叫装置失灵、紧急救援装置有缺陷等各类典型问题，通过监督整改，提高了电梯安全管理能力和设备质量。

3. 扎实推进防洪隐患整治。哈尔滨局安监室抽调防洪工作经验丰富的工务人员 9 名，由工务监察带队组成 4 个检查组，对集团公司部分单位的防洪隐患排查整治、规章制度及预案修订、培训、演练、设备设施及预抢工程等情况进行了专项督导检查。共检查工务段 9 个、车务段 9 个、供电段 4 个、电务段 6 个、房建公寓段 2 个、车间 36 个、车站 10 个；Ⅱ级防洪重点地段 53 处、Ⅲ级 90 处；桥梁 25 座、隧道 38 座、涵洞 57 座、山头落石、截排水沟、接触网支柱基础、危树、雨量监测、视频监控等位置 59 处；防洪预抢工程施工 14 处。发现修订规章制度进度迟缓、风险隐患未制定管控措施、应急演练流于形式等管理问题，河道淤积未组织清理、雨量监测设备检查维护不及时、隧道口上部山体无检查通道、外部环境变化未纳入隐患排查项点、排水沟破损坍塌等现场防洪隐患问题 274 件，下发安全监察指令书 2 份、安全监察通知书 9 份，对发现的问题组织制定整改推进计划，督导整改落实。

4. 有力确保货运结构改革安全。为积极稳妥地推进铁路货运供给侧结构性改革，进一步提升铁路货运服务品质和效率效益，确保货运改革期间安全，哈尔滨局安监室采取实地检查、跟班作业、查阅资料、与职工座谈等方式，共检查物流中心 2 个、营业部 34 个、营业室 63 个、货运人员现场作业 93 人次、车务站段 13 个，发现营业部《铁路货物运输合同实施细则》《车站行车工作细则》内容不一致、专用线协议签订不及时、委外装卸人员违反劳动安全规定、货检制度办法不完善等问题 68 件，下发安全监察指令书 1 份、安全监察通知书 12 份。

三、加强教育引导，形成强大宣传声势

1. 多措并举，营造浓厚宣传氛围。齐齐哈尔工务段主动联合安全检察室、齐铁检察院、齐铁公安处，深入管内重点地区，对养殖户、沿线村民开展“五进”专题护路宣传，通过齐齐哈尔市电视台、综合广播及网络平台等媒体，多渠道宣传路外安全管控及创建“零问题”示范区段的意义、目的和做法，并与齐齐哈尔各区县政府、政法委等部门共同召开“零问题”示范区段现场推进会，强化宣传工作，努力营造浓厚的爱路护路氛围。联系各乡镇政府走村进户，采取多种方式进行路外安全宣传教育，例如，走访养殖户签订协议，对养殖户逐人逐户进行面对面教育。安全生产月期间，走访养殖户 321 户，签订安全协议 222 份；进管内 3 所中小学校园进行宣传，进村屯宣传 32 个，在重点地段安设警示标志和宣传条幅 71 处，发放各类宣传品近 2000 份，提高了沿线村屯爱护护路安全意识。

2. 聚焦重点，紧盯安全短板弱项。齐齐哈尔车务段对管内 97 处道口、210 处平过道的“三标一桩”是否齐全，道口（平过道）栏杆和跑车是否作用良好，防护桩和防护绳是否有反光标志进行了全面排查；对企业看守道口（平过道）是否执行取送车安全协议进行一次全覆盖检查；对无人看守的道口（平过道）调车作业时是否执行道口前一度停车制度，纳入对规对标写实，其间，共整治问题 33 件。组织泰来、富拉尔基等 25 个站对 92 处大门防护灯状态进行排查，对 8 处状态不良的防护灯进行更换。开展护路巡防排查，重点对车站专业管理人员、外部环境隐患专业管理知识的掌握、站场设备设施状态、路外安全防护巡视制度建立等加强整治；对富嫩线未封闭车站制定接发列车提前 10 分出场巡视看护措施；对各站路外安全警示标识缺少、破损的处所制作了 173 块安全警示标识，提升了路外管控效能。严控路外环境安全隐患，对衔接车站引出的未封闭岔线、货物线入口处进行全面梳理排查，共梳理富拉尔基、讷河、富裕、扎兰屯 4 处，组织车务段管控中心纳入每日管控工单开展巡视管控。讷河站加强了粮专线道口防护设备设施检查，保证了“三标一桩”作用良好，确保了调车作业经道口安全。嫩江站每日组织对站台、线路两侧路外安全情况进行检查巡视。富拉尔基站定期与区政府区长、区应急管理局开展“双段长”联系，解决路外安全隐患

问题。对多发易发问题源头排查，重点组织富嫩线未封闭车站开展放牧排查，组织平齐、滨州及齐北线开展违法施工、500米范围内飘浮物等排查，消除违法施工、站内危树等隐患问题，并与铁路沿线2.5公里范围内饲养大牲畜的住户全部签订安全协议。

3.群策群力，携手共筑安全防线。牡丹江车务段组织管内各中间站管理人员，每日对站区进行巡视检查一次，结合站内铁路护路巡防、路外安全巡视要求对站区内的护网、栅栏、围墙、通道门、道口等重点部位进行巡视，并对站内两端岔区、通道门、货场大门进行拍照，及时将照片上传到外部环境整治微信群内，上传照片要求带有水印日期，每天由负责路外安全的工程师对管内各站路外巡视上传的图片进行核查。通过每天的路外安全巡视，能够及时发现站内的路外安全环境隐患，并及时采取防范措施，确保站区路外安全不出问题。充分利用“双段长”微信群，将春

大学生工作室

季铁路安全宣传和安全生产月应急宣传内容在“双段长”微信群内进行转发，由地方段长在居民、百姓群内进行转发，开展爱路护路宣传进农村、进家庭、进社区、进学校、进企业宣传教育活动，起到较好的效果。

（哈尔滨局集团公司　郭永利）

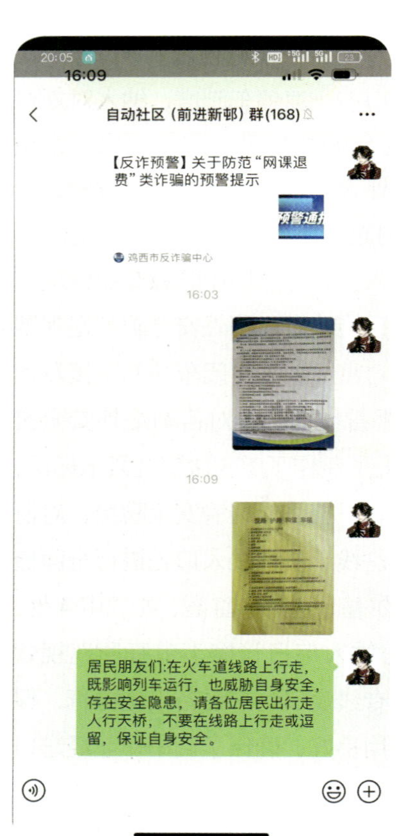

微信群转发关于铁路的安全知识

先进单位颁奖仪式

巡视路外安全关键处所

强化职场安全理念宣传

强化重点　开展“安全生产月”活动

中铁快运股份有限公司

按照国铁集团“安全生产月”活动部署安排，快运公司认真研究、精心部署，结合活动主题主线与公司业务实际制定《中铁快运公司安委会办公室关于做好2024年全国“安全生产月”活动的通知》，突出理论学习、警示整治、队伍建设三个重点，扎实推进安全生产月各项工作。

一、筑牢思想根基

深入学习贯彻习近平总书记关于安全生产的重要论述，牢固树立总体国家安全观，强化大安全意识，坚持统筹发展和安全，不断提高安全风险意识，不断推动安全生产责任落实。

公司通过总经理办公会专题学习贯彻习近平总书记对铁路工作的重要指示批示精神，建立公司党委贯彻落实习近平总书记重要指示批示暨“回头看”工作机制，健全完善相关台账记录，确保习近平总书记重要指示批示精神传达、学习、贯彻落实到位。

公司集中购置《深入学习贯彻习近平关于应急管理的重要论述》《铁路职工劳动安全应知应会》《全民应急科普知识》等7类书籍210册，供机关各部门人员学习，增强安全意识。

组织开展宣讲活动，将“安全生产月”主题宣传片《安全生产责任在肩》等10部活动宣传片上传到“中铁快运e家园”，供各单位、各部门组织干部职工集中学、自学，持续推进全员学习入脑入心、见行见效。

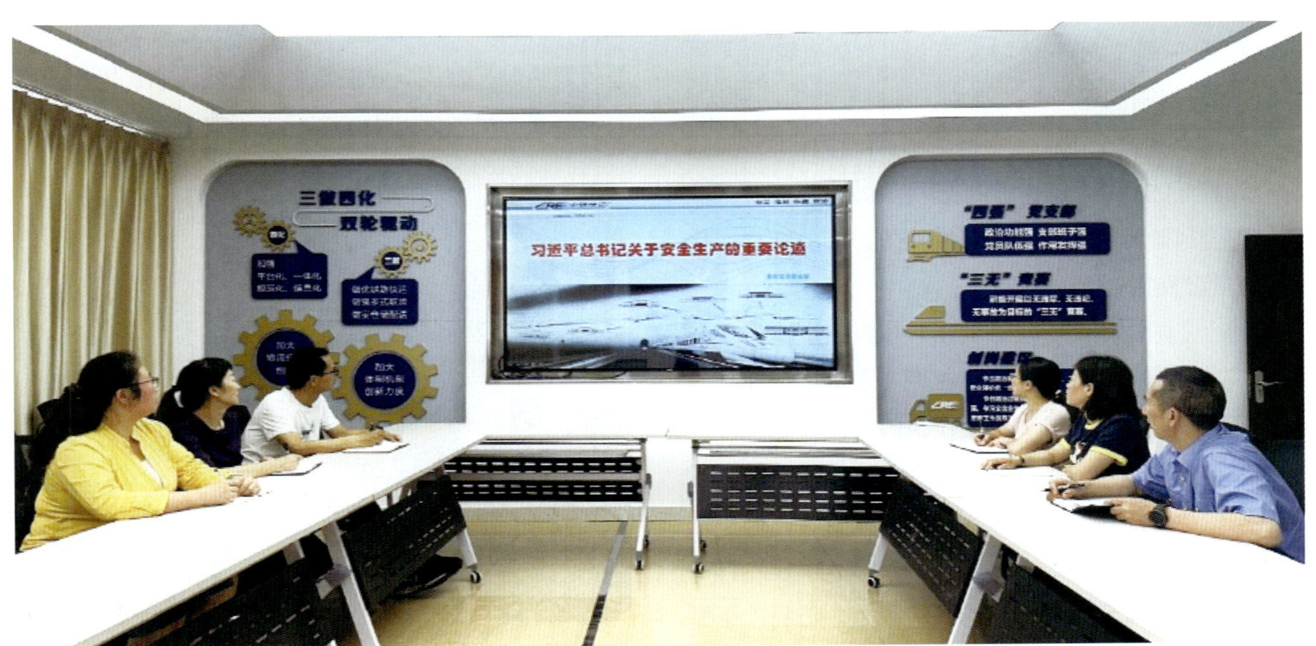

昆明分公司呈贡营业部组织学习习近平总书记关于安全生产的重要论述

上海分公司召开“安全生产月”活动启动仪式，发布“安全生产月”主题宣传片《安全生产　责任在肩》

二、开展警示整治

各单位、各部门围绕“人人讲安全、个个会应急——畅通生命通道”主题，强化安全警示教育、突出重点、开展反思，引导全员牢固树立安全发展理念。

结合自身业务范围下的安全生产特点，快运公司在梳理并制定全新的2024年安全风险库的基础上，将公司2024年至今发生的涉及防范“旅客列车火灾爆炸”重大风险，在“收货验视”风险点存在的“违反作业标准”典型案例解析及考核处理情况，向全公司进行通报警示，并要求各单位结合自身存在的问题，组织开展“两违陋习大家谈”“安全风险大讨论”，对照暴露问题及整改措施，深刻反思隐患成因，举一反三查摆安全责任、安全措施、岗位标准、风险防范等方面的短板弱项和风险管控失效根源，针对性研判安全风险点，完善分层管控措施，形成细化实化超前防范的制度措施。

结合《国铁集团安监局关于今年以来全路人身安全情况的通报》，与“安全生产月”活动同步推进，组织开展为期一个月的劳动安全风险研判和隐患排查整治专项活动，要求各单位围绕劳动防护用品佩戴不全、站台行走压线、违规进入叉车作业区域、列车响铃后未停止作业等日常发现的问题，梳理隐患清单，扎实做好劳动安全隐患排查和集中整治，防范人身事故发生。

为防范电动车火灾、火情，公司围绕电动车停放充电、充电场所及充电装置设建、配置等，编制充电场所及充电装置“六要”、电动车停放充电“五不要”、电动车管理“四必须”等易懂易记防范规定，要求各单位、各部门以记名传达方式，组织干部、职工学习，并以此为主要依据开展隐患排查整治。

三、提升监察效能

将进一步发挥安全监察系统作用作为模范执行公司安全生产各项工作要求的重要抓手。为推动本单位“安全生产月”活动高质量开展，压实主体责任，倒逼问题整改，公司向安监系统发出倡议书，号召全体安全监察人员做习近平总书记关于安全生产的重要论

兰州分公司组织职工集中观看《安全生产　责任在肩》警示教育片

南昌分公司组织职工学习《铁路交通重大隐患判定标准（试行）》

述和对铁路工作的重要指示批示精神的模范学习者、做法律法规和规章制度的模范捍卫者、做安全生产的模范宣传者、做安全监督的坚定执行者。以时不我待的工作激情，为公司的安全稳定作出安监人应有的贡献。

安全是公司高质量发展的前提和基础。快运公司以“安全生产月”活动为契机，坚定不移贯彻总体国家安全观，树牢大安全意识，以高水平安全保障铁路高质量发展，守牢高铁和旅客列车安全生命线，以最严的要求、最实的举措、最大的力度，坚决确保安全万无一失，推动安全生产高质量发展行稳致远。

（安全监察部　韩　丞）

高度重视　重点排查
多形式开展安全宣传活动

《人民铁道》报业有限公司

2024 年 6 月是第 23 个全国“安全生产月”，为认真落实《国务院安委会办公室应急管理部关于开展 2024 年全国“安全生产月”活动的通知》要求，按照国铁集团工作部署，报业公司深入学习贯彻习近平总书记关于安全生产的重要论述和对铁路安全工作的重要指示批示精神，把总体国家安全观落实到铁路新闻宣传和公司工作各领域、各方面。报业公司紧扣“人人讲安全、个个会应急——畅通生命通道”主题，认真落实好本单位安全生产月各项工作任务要求。

一、领导重视，亲自布置

公司主要领导传达学习习近平总书记的重要指示批示精神，按照国铁集团部署，要求结合报业公司实际开展好“安全生产月”系列活动，做好内外宣传工作。同时，将习近平总书记关于安全生产的重要论述摘编列入公司 6 月党建工作推进清单。

公司分管安全领导组织相关部门在端午节前开展安全联合检查，对公司院内新闻楼、单宿楼、胶印楼等区域进行安全隐患排查。

二、多种形式进行安全知识宣传

1. 公司在电梯门厅、电动自行车充电及存车处张贴安全宣传海报，提示全体干部职工杜绝在楼梯间、室内停放电动自行车及为电动车充电。

2. 在公司内网发布全国“安全生产月”主题宣传片、国务院关于“安全生产月”活动安排及部署要求，张贴各类安全知识贴图，强化公司内部安全宣传力度。

3. 利用公司大厅的宣传大屏滚动播放安全生产月宣传片，提升全体干部职工安全生产意识。

三、开展重点部位隐患排查及应急演练

1. 对技术中心机房、影视中心大演播厅、配电室、食堂、文体活动室等公司安全生产重点场域、重点部位和消防重点区域进行全面检查，确保院内消防车通道畅通、各楼梯间应急疏散通道畅通。

2. 为应对汛期突发情况，公司提前准备防洪沙袋等防汛物资；检查公司围墙等部位，确保汛期安全。

3. 加强对微型消防站的管理，明确应急处置措施和流程，组织安保人员每周开展消防应急演练活动，时刻绷紧消防安全意识，做到应急有备、响应高效、信息畅通。

（保障中心　贾红星）

加装阻车桩，确保交通安全

消防应急演练

“安全宣传咨询日”活动 妙趣横生　成效显著

中国铁路乌鲁木齐局集团有限公司

2024 年 6 月是第 23 个全国“安全生产月”，6 月 16 日，由乌鲁木齐局集团公司、兰州铁路监督管理局、乌鲁木齐铁路运输检察分院主办，乌鲁木齐站承办的 2024 年“安全宣传咨询日”活动在乌鲁木齐站丝路明珠服务台启动。

活动现场布置了铁路安全咨询台、宣传展板、横幅，设置消防安全演习逃生屋，利用站内大厅显示屏滚动播放“安全生产月”主题宣传视频。乌鲁木齐市铁路运输检察分院、新疆医科大学第五附属医院、莲湖路消防救援站、乌鲁木齐高铁基础设施段、乌鲁木齐客运段等 8 家单位围绕普法宣传、消防安全、医疗咨询、乘车安全、护路爱路等内容，设立咨询摊位，工作人员们现场提供宣讲咨询服务，发放各类宣传手册。内容丰富的安全知识展板，摆放整齐的宣传品和文创用品，进一步拉近了现场旅客们与“安全”这一概念之间的距离。

开场的启动致辞中提到，深入贯彻落实习近平总书记关于安全生产的重要论述，坚持“人民至上、生命至上”安全工作理念，进一步提升旅客安全意识，加强铁路与地方单位联动协作，让安全知识和应急技能普及，让安全真正成为大家骨子里的信念、行动上的习惯，共同打造共建共治共享的安全管理新格局，实现以高水平安全保障高质量发展。以“人人讲安全、个个会应急——畅通生命通道”为主题，大力宣传安全生产法律法规、政策文件，安全生产、应急避险和自救互救知识，铁路各系统安全生产工作做法和队伍形象风采等，推动“安全生产月”活动深入开展，着力提升全民安全素质，切实筑牢安全生产人民防线。

致辞之后是欢快的开场节目。乌鲁木齐高铁基础设施段的女职工们和澎湖之光合唱团先后表演歌舞节目，

乌鲁木齐站“安全宣传咨询日”活动启动仪式现场

乌鲁木齐站安全生产指挥中心副主任吴明宣誓

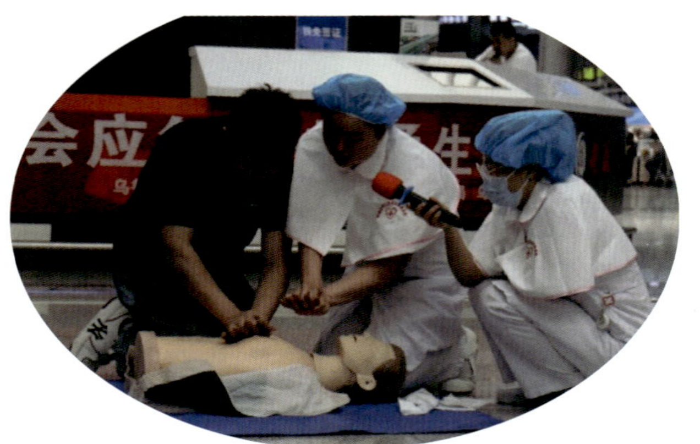

医护人员指导旅客进行心肺复苏

不一会儿围起层层旅客驻足观看倾听，掌声连绵不绝。

安全生产指挥中心副主任吴明带头宣誓，坚定的语调和诚挚的宣誓词展现了乌鲁木齐站及站区各单位深入开展安全生产治本攻坚三年行动，坚决提升本质安全水平的决心。

来自新疆医科大学第五附属医院的医护人员围绕心肺复苏等急救措施进行了细致的讲解，旅客们的亲身体验更是将急救的各项关键印刻在了现场来宾和旅客朋友们的心中。

为了让大家更身临其境地感受火灾发生后疏散逃生的环境，来自乌鲁木齐市经济技术开发区消防大队莲湖路消防救援站的专业救援人员与各单位的工作人员为大家逐一介绍了灭火器、灭火毯、防毒面具等诸多器材的使用方法与注意事项，利用消防应急逃生体验屋，让现场的数十名来宾和旅客朋友们真切地体验了“逃出生天”的快乐。

“发现煤气中毒后应采取什么措施？心脏按压的方式是怎样的？人员触电后的首要措施是什么？炒菜时起火应如何扑灭？……”在有奖问答环节，主持人抛出一系列生活中会遇到的安全问题，吸引大批旅客驻足思考。主持人稍作提示，便有旅客积极举手回答甚至抢答，现场气氛极为热烈。

此次乌鲁木齐站“安全宣传咨询日”活动，为广大群众提供了“零距离”了解应急安全知识的平台，使大家以更加直观有趣的方式参与安全互动、掌握安全知识、普及安全小措施，切实掀起了齐心协力保安全的热潮。旅客们纷纷表示，没想到在等车的时候还可以参加活动，既有精彩歌舞可以欣赏，又能学习体验安全知识，还有奖品可以拿，对安全的理解也在不知不觉中进一步加深。

（乌鲁木齐站　刘巍剑）

检察院、消防队、铁路工作人员为旅客答疑

消防救援站副队长讲解消防器材的使用、引导大家体验疏散逃生

持续推进现代化铁路安全保障体系建设

京沪高速铁路股份有限公司

为认真贯彻落实国铁集团“安全生产月”活动要求，公司围绕“人人讲安全、个个会应急——畅通生命通道”主题，开展了一系列“安全生产月”活动，并以此为契机，持续推进公司现代化安全保障体系建设。

一、加强组织领导，召开专题会议

公司于6月6日召开安全生产月专题安委会，结合委托运输管理工作实际，研究制定京沪高铁公司2024年“安全生产月”活动实施方案。动员全体干部职工以深入学习贯彻习近平总书记关于应急管理的重要论述为动力，把“安全生产月”活动与安全生产治本攻坚三年行动、深化铁路安全基础建设三年行动、推进现代化铁路安全保障体系等重点工作相结合，紧扣活动主题，创新工作举措，因地制宜开展好宣传活动，统筹发展和安全，切实保障公司运输安全稳定。

二、提高政治站位，强化安全责任意识

今年是持续深入贯彻党的二十大精神、实现“十四五”规划目标的关键之年，公司全体干部职工认真学习、深刻感悟习近平总书记关于安全生产的重要论述和对铁路安全工作的重要指示批示精神，认真落实国铁集团党组系列决策部署，结合公司委托运输管理实际，以实现公司运输安全为本质目标，全面抓好安全工作。全体干部职工要坚定不移贯彻总体国家安全观，树牢大安全意识，以强烈的政治自觉和行动自觉，不折不扣抓好落实。要始终坚守“高铁和旅客列车安全万无一失”的政治红线和职业底线，切实把“时时放心不下”的责任感转化为“事事心中有底”的行动力，实现公司长治久安和高质量发展。

三、制定相关措施，推进“安全生产月”活动有效落实

一是加强安全警示宣传教育，提升职工安全素质。组织做好理论宣贯学习，通过观看铁路安全教育宣传片、铁路沿线安全环境宣传片、漫画安全生产法宣传片、“避险逃生训练营”短视频和“全民安全公开课”等多种方式抓好学习教育，引导全员牢固树立安全发展理念。发挥“网、微、屏”等媒体平台优势，开展线上避险逃生公开课、避险逃生知识竞答等活动，讲解生命通道标识的含义，以及识别方法、保持畅通的必要性和法律责任，宣传应急疏散知识，与公司工会联合组织开展知识答题，提升安全素质和技能水平。

二是做好公司活动宣传推进。通过公司微信公众号、电子显示屏、内网门户网站、工作群等媒介，以及采购《深入学习贯彻习近平关于应急管理的重

“铁路消防安全”宣传

要论述》、宣传片、宣传挂图等有关安全应急宣传学习资料，做好“安全生产月”活动的宣传及推进，调动职工参与活动并积极落实安全生产责任的主动性和自觉性。

三是对办公场所开展消防、用电安全自查。在自查活动中，及时排查公司机关、京外经营部的办公场所、职工宿舍、食堂、档案室等存在的各种消防、用电安全隐患，以及电动自行车“进楼进梯入户”、“人车同屋”、“飞线充电”和占用堵塞消防“生命通道”等违规停放充电行为，提升全体干部职工的安全意识。

四是督促受托单位开展“五进”和路外安全宣传。督促受托单位联合地方部门，统筹利用各方宣传资源，深入铁路沿线农村、学校，开展安全宣传。督促受托单位利用车站 LED 屏、标语横幅等宣传媒介，集中推送和播放爱路护路公益广告和短视频，积极向公众宣传安全生产、应急救援等知识。结合近年来路外环境安全情况，督促受托单位分析梳理机动车船肇事、闲杂人员进入高铁线路、烧荒、轻飘物等隐患易发多发的重点区域、重点企业、重点学校、重点人群，精准开展宣传教育警示，营造爱路护路浓厚氛围。

五是督促受托单位开展好应急救援演练和消防隐患排查。督促受托单位根据专业特点开展模拟火灾和地震等场景的应急疏散演练，与受托单位联合组织开展应对突发大客流与旅客列车大面积晚点应急演练，增强从业人员应急处置业务能力。督促受托单位对人员密集场所开展消防隐患排查，及时消除安全隐患。

六是做好季节性安全工作。公司配合受托单位紧盯防洪防汛、高温防胀等季节性安全和外部环境风险隐患，以及设备设施系统性病害和重点风险，抢前抓早做好各项安全准备工作，做好与受托单位的常态化分层级安全对接，组织开展好风险隐患排查、专项整治方案研究、安全隐患处置等工作，切实发挥好“把握实情、监督提醒、问题交流、及时报告、促进整治”作用，确保管内高铁安全风险可控和持续稳定。

四、治本攻坚，持续推进公司现代化安全保障体系建设

一是开展现代化安全保障体系建设。持续推进构建人防、物防、技防“三位一体”的现代化铁路安全保障体系建设，与受托单位共同梳理既有的源头治理、超前防范、主动避险、专项整治等方面的经验做法，引导全员正确认识构建现代化铁路安全保障体系对深化公司安全基础建设、提升风险防范化解和隐患排查治理能力、推动公司安全治理体系和治理能力现代化、确保公司高质量发展的重要意义，构建形成适应公司高质量发展的现代化安全保障体系。

二是加强安全管控保障。加强安全风险管控，密切配合受托单位扎实推进安全生产治本攻坚三年行动、深化铁路安全基础建设三年行动，紧盯当前高温防胀、防风防雷等季节性安全隐患、外部环境隐患排查治理。督促受托单位做好防洪防汛工作，重点盯控高铁防洪重点地段，确保行车安全。对无砟轨道结构病害、电梯、声屏障、车站消防系统和 GSM-R 系统等设备设施系统性病害和重点风险，加强现场调研检查，协同配合受托单位开展重大事故隐患排查、安全隐患处置，持续做好与受托单位的常态化分层级安全对接。

五、加大考核力度，严格确保落实

一是加大干部考核。深入宣传示范引领，加大干部考察考核力度，发挥监督保障执行作用，坚持“不缺位、不越位、不错位”，坚持“抓关键、抓现场、抓分析、抓落实”，在活动中加大干部考核考察力度，细化安全监督考核分解挂钩指标，层层传递安全生产经营压力，将责任落实措施与考核机制紧密联系。

二是确保安全投入。会同受托单位建立专项沟通工作机制，加强统筹协调，在精准投入和有效投入上下功夫，全面落实公司安全生产投入责任，压实受托单位安全生产责任。

（设备安全部　刁云峰）

紧盯重点关键领域　筑牢安全生产防线

中铁集装箱运输有限责任公司

为深入宣传贯彻习近平总书记关于安全生产的重要论述，中铁联合国际集装箱有限公司广州中心站（以下简称中心站）持续贯彻落实国铁集团、中铁集装箱公司和中铁联集公司关于安全生产工作的决策部署，以第23个全国“安全生产月”为抓手，围绕“人人讲安全、个个会应急——畅通生命通道”主题，大力倡导“人人讲安全”，鼓励全员参与安全生产工作，广泛普及安全生产知识，大力培养安全文化；促进“个个会应急”，加强应急培训，强化应急安全演练，科学组织施救，确保“生命通道畅通”。结合安全生产治本攻坚三年行动等工作，紧盯重点领域，广泛普及安全生产知识，营造浓厚安全文化氛围，强化应急安全培训与演练，扎实开展“安全生产月”活动。

一、聚焦活动主题，多措并举开展安全宣传和应急演练

1. 深入宣传贯彻习近平总书记关于安全生产的重要论述，以《深入学习贯彻习近平关于应急管理的重要论述》为重点，结合安全生产月教育培训，全面学习领会习近平总书记关于安全生产的重要论述的精髓要义，坚持“人民至上、生命至上”，以“时时放心不下”的责任感强化责任和措施落实，推动树牢安全发展理念，扩大“人人讲安全、个个会应急——畅通生命通道”的宣传面和影响力。

2 加强“安全生产月”主题宣传教育。中心站在综合楼正门口宣传栏、货运值班室、食堂张贴“安全生产月”主题海报，在正门口电子屏、营业大厅LED显示屏循环播放主题标语及宣传月视频，通过发放安全宣传手册、转发安全生产月宣传公众号推送信息等多种形式，营造浓郁的安全生产氛围，确保职工群众安全生产理念入脑入心、走深走实。

3. 突显“生命通道”重要性开展避险逃生和应急救援演练。抓实抓细场站季节性安全工作，中心站精心谋划，多方联动开展应急疏散演练和灭火处置演练，与海关、中铁集装箱广州分公司、驻站客户多家单位联合开展演练，通过模拟全员综合楼楼道疏散逃生、使用灭火器和接水带灭火等情景，充分还原突发事件现场，让广大职工群众在实操中掌握检查消除火灾隐患、扑救初起火灾、组织人员疏散逃生等能力，提高整体应急处置能力。演练过程中全员有纪律、有效率，有效保障非正常情况下分公司及职工生命财产安全。

二、聚焦活动主题，超前防范开展专题教育培训和专项整治

1. 加强典型火灾案例警示教育，组织“畅通生命通道”知识科普，讲解“生命通道”标识的含义，以及识别方法、保持畅通的必要性和法律责任，扩大“畅通生命通道”的宣传面、影响力。要求职工观看

安全教育培训

左　发放宣传册
中　消防演练
右　营业大厅大屏循环播放宣传片

"畅通生命通道"系列疏散逃生演练、"避险逃生训练营""应急救援现场急救"短视频新媒体展播，营造浓郁的安全生产氛围，意在线上线下通过多种形式载体集中开展安全宣传，积极营造全员关注、全员参与的良好氛围。

2. 开展专题安全宣讲和教育培训。一是召集驻站客户单位开展集中安全宣传，宣传铁路各项安全规定、联合保安全；突出"生命通道"开展避险逃生和应急救援演练。二是利用职工退班会组织开展重大事故隐患判定标准宣贯学习，学好用好重大事故隐患判定标准，全面排查整治重大事故隐患，坚决守住铁路安全生命线。三是在综合楼大厅设置安全咨询点，利用宣传海报、视频和发放主题宣传小册等方式向广大客户宣传铁路各项安全规定。四是开展夏季防雷防暑降温专题培训，切实抓好季节性作业安全，提高职工夏季防雷防暑安全意识及应急处置能力。

3. 排查整治"生命通道"安全隐患。一是扎实开展电动自行车消防安全隐患排查整治，对场内充电桩、电瓶车的停放及充电情况进行检查，要求电瓶车必须停放在停车棚，严禁停放在办公室、办公楼附近，日常保安巡场时重点关注电瓶车停车、充电区域，切实防止出现电瓶车"进楼进梯入户""人车同屋""飞线充电"，以及占用堵塞消防"生命通道"等安全隐患的发生。二是结合此次"安全生产月"活动，组织开展年度消防设施设备检测，邀请专业消防检测机构对中心站内消防联控系统、火灾报警装置、消火栓系统、消防水泵房、灭火器等消防设施设备进行检测，确保消防设施设备始终处于正常工作状态，切实保障消防安全。三是组织开展电梯专项整治排查行动，对中心站综合办公楼两部电梯制定的管理制度、技术档案、安全专员设置及维保巡检等情况进行检查，确保中心站的电梯有人管理、有人维保、工作状态良好。

4. 鼓励职工主动防范"生命通道"风险。根据中心站制定的奖惩机制，加大发现安全隐患和防止事故奖励力度，并在中心站范围内进行正面宣传；畅通安全生产举报渠道，通过点名会、交班会、职工退班会对各岗位职工进行宣传动员，调动职工排查举报堵塞"生命通道"的安全隐患，争做公共安全吹哨人，进一步发挥"主人翁精神"，持续深化人防、物防、技防"三位一体"安全保障体系，为深化铁路安全基础建设三年行动、构建现代化铁路安全保障体系添砖加瓦。

（中铁联集公司　罗俊堪　李嘉靖）

实战应急演练　守护人民安全

中国铁路成都局集团有限公司

按照国铁集团相关部署，成都局集团公司主要领导组织相关部门认真研究，围绕“人人讲安全、个个会应急——畅通生命通道”主题，组织开展实战化应急演练、开展“安全宣传咨询日”活动、发起畅通生命通道“四个一”活动，通过一系列精心策划的活动强化安全生产管理，进一步在集团公司内外普及安全知识，提升全体干部职工及旅客群体的安全意识和避险逃生能力，全面营造“讲安全、懂安全、能应急、会应急”的良好氛围。

一、组织实战化应急演练，展现高效应对能力

为切实提高从业人员应急避险意识，熟练使用避险设备设施，增强应急避险能力，6 月 13 日夜间至 14 日凌晨，成都局集团公司隧道逃生疏散专项应急演练在成都、重庆、贵阳 3 个片区同步开展。演练场景设定为成贵高铁、渝贵铁路、贵广高铁上动车组在运行中突发火灾，列车乘务员发现动车组火情后，因火势无法得到有效控制，组织旅客有序下车，并通过隧道救援通道疏散至安全地点。6 月 14 日凌晨，3 个片区的应急演练圆满结束。

组织旅客下车集合

此次演练是成都局集团公司在营运线上进行的实

发现火情

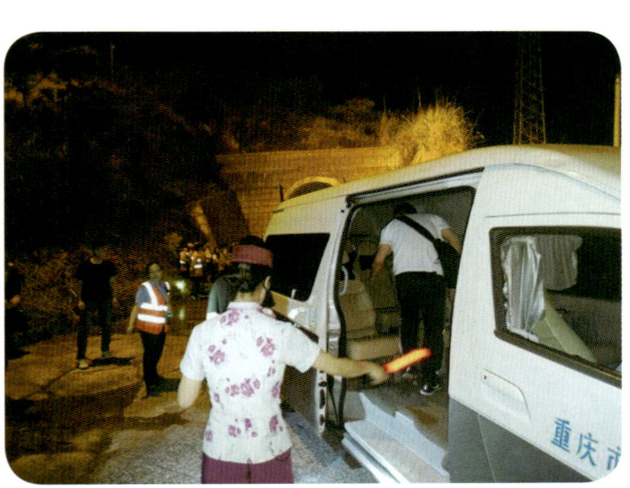

通过隧道救援通道进行疏散

战性验证演练，主要是为了检验动车组发生火灾时，各专业协同应急处置能力。同时通过演练掌握隧道救援逃生通道的构造情况、救援能力、疏散流程、注意事项等，为应急实战积累真实经历和经验。

二、开展“安全宣传咨询日”活动，广受职工群众好评

6月16日，成都、重庆、贵阳等地纷纷在车站开展各具特色的“安全宣传咨询日”活动。活动主场设在候车室内，设置有消防安全、应急处置、安全文化等展示区域，通过主题展览、咨询服务、互动体验等方式为来往旅客提供安全体验。除了候车室，工作人员和志愿者们还在进、出站口等人员密集场所发放宣传手册、小礼品并进行咨询解答，向过往旅客和市民宣传铁路安全常识、事故案例和高铁客运服务质量提升等内容，提高公众对铁路安全生产的认识和理解，推广平安出行的理念，推动安全知识在群众心中落地生根。

三、发起“四个一”活动，巩固宣传学习成果

按照“安全生产月”活动部署要求，各单位主要负责人切实履行安全生产第一责任人责任，以专题安委会、月度安全生产例会等形式，以《深入学习贯彻习近平关于应急管理的重要论述》为基础，并组织开展各种专题研讨和集中宣讲。结合学习安排，保卫部研究制定了畅通生命通道“四个一”工作方案，组织

成都东站“安全宣传咨询日”活动

重庆西站“安全宣传咨询日”活动

贵阳北站“安全宣传咨询日”活动

各部门、各单位开展一次典型火灾案例警示教育、一次生命通道知识宣传培训、一次生命通道避险逃生和应急演练、一次生命通道安全隐患排查整治，同时印制相关安全知识海报5000套、折页15万份发放至各单位。活动期间，成都局集团公司各单位共计开展典型火灾案例警示教育389场次、消防知识宣传培训478场次、避险逃生应急演练660场次、参与教育培训和演练的干部职工4万余名，组织单位排查生命通道安全隐患问题238个，整治销号180个。

集团公司紧密围绕高铁和旅客安全，结合安全大检查和暑运等阶段性重点工作，着力解决安全生产中存在的突出问题，将“安全无小事”理念贯穿到每一名干部职工的行动之中，提升全局整体安全水平，确保安全生产实现有序可控、持续稳定的目标。

（保卫部　吴成铭　许　磊　罗　腾）

筑牢安全基石 共绘生产平安月

中国铁路西安局集团有限公司

在夏日炎炎、热浪滚滚的6月里，第23个全国“安全生产月”活动如火如荼地进行着，西安局集团公司深入贯彻落实习近平总书记关于安全生产的重要论述，紧紧围绕“人人讲安全、个个会应急——畅通生命通道”主题，精心部署筹划，组织实施了一系列“安全生产月”活动。通过深入人心的宣传教育、严谨细致的安全检查、紧张有序的应急演练，西安局集团公司有效提升了全体干部职工的安全意识，为保障铁路运输安全稳定奠定了坚实基础。

一、精心筹备，周密部署

各单位按照集团公司统一部署，召开“安全生产月”活动专题动员会议，细化活动措施和部署安排，成立主要领导为组长、领导班子副职为副组长的活动领导小组，各科室负责人为组员，以《深入学习贯彻习近平关于应急管理的重要论述》为重点，开展专题集中宣讲，全面学习领会习近平总书记关于安全生产的重要论述的精髓要义，以“时时放心不下”的责任感强化责任和措施落实，把学习成果转化为推动铁路高质量发展的创新思路、务实举措、有效方法。集团公司梳理本系统典型事故案例，制作了620个事故案例警示教育片，指导各单位加强安全警示教育，充分利用班前会进行学习。为进一步用好重大事故隐患判定标准，并应用于全面推进日常隐患排查整治有关工作，坚决守住铁路安全生命线，集团公司组织各单位全体干部职工进行标准学习，以点带面、以月促年，以“安全生产月”活动为契机，推动铁路安全生产难点问题的解决，树牢底线思维和红线意识，以精益管理手段，推动现代化铁路安全保障体系，不断提升铁路现实安全水平。

二、积极引导，广泛宣传

在“安全生产月”活动期间，各单位通过多渠道、多形式的宣传教育活动，确保安全生产理念深入人心。利用宣传栏、横幅、标语等宣传手段，结合微信公众号、网站等新媒体平台，全方位、多角度宣传安全生产知识、安全法规和安全操作规程。活动开展期间，累计开展路外安全宣传5782场次，发放安全宣传单36480份，引导铁路周边居民关注铁路安全。同时，制作宣传手册发放给职工学习，并通过组织安全知识竞赛、安全征文比赛、安全主题演讲等活动，增强职工的参与感和互动性，组织开展“安全生产大家谈”“以案说法”“安全承诺”等主题活动，让干部职工在交流中加深对安全生产的理解和认识，使安全生产成为每名职工的日常习惯和自觉行为。

三、应急演练紧张有序

为提高职工应急处置能力，各单位按照年度演练计划，结合“安全生产月”活动安排，组织各站区开展多场应急演练活动，演练内容涵盖火灾救援、汛期防洪、高温中暑等常见突发事件的处置流程和方法。通过模拟真实场景、设置复杂情况，检验职工的应急反应速度和处置能力。同时，还对应急预案进行动态修订和完善，确保预案的针对性和可操作性。通过应急演练活动，有效提升了职工的应急处置能力和团队协作水平。

安康东站组织职工使用培训基地搭建的灭火仿真系统进行灭火培训，利用虚拟现实技术来模拟灭火场景，通过高度逼真的火灾场景，为职工提供了一种身临其境的灭火体验，从而提高职工的消防安全意识和实际操作技能。

演习现场

四、扎实开展“安全宣传咨询日”活动

6月16日，各单位有条不紊地开展“安全宣传咨询日”活动，此次活动旨在提高员工的安全意识、普及安全知识、加强安全管理，确保铁路运输的安全与稳定。活动当天，各单位设立了安全咨询服务台，邀请安全专家和技术人员现场为员工提供安全咨询服务。专家们针对站区职工和广大群众在生活和工作中遇到的安全问题，提供专业的解答和建议，使大家对安全生产有了更深入的理解。现场还摆放了丰富多样的宣传展板和资料，通过直观的图片、简洁的文字，生动形象地展示了铁路安全的重要性及一些常见的安全隐患和应对措施。车站工作人员积极向乘客和周边居民发放宣传资料，确保安全知识能够广泛传播。同时，活动还安排了专门的讲解环节。工作人员通过通俗易懂的语言，向群众、旅客详细讲解了铁路安全法律法规、安全事故案例等，让人们深刻认识到违反铁路安全规定可能带来的严重后果，进一步增强了大家的安全责任感。在互动环节，设置了安全知识问答和安全技能竞赛，大家踊跃参与，现场气氛热烈。

在整个活动过程中，广大群众表现出了浓厚的兴趣和积极性。他们认真聆听讲解，仔细阅读宣传资料，还就自己关心的问题与工作人员进行深入交流。通过这次活动，不仅使乘客和居民学到了实用的铁路安全知识，也拉近了铁路部门与群众之间的距离，为营造良好的铁路安全环境奠定了坚实的基础。

此次“安全宣传咨询日”活动的开展，有效地提升了公众的铁路安全意识，进一步推动了铁路安全工作的深入开展。我们将继续努力，不断加强铁路安全宣传教育，为确保铁路运输的安全、顺畅贡献力量。在未来的

铜川车务段“安全宣传咨询日”活动

渭南北站“安全宣传咨询日”活动

西安北站“安全宣传咨询日”活动

工作中，各级干部职工将更加注重安全生产，严格遵守安全操作规程，共同为铁路运输的安全与稳定贡献力量。

五、精益管理，注重成效

在日常的安全检查中，部分职工对灭火器的使用方法存有盲点，这可能导致在紧急情况下无法正确判断灭火器的状态，进而影响灭火器的使用效果。为了不留盲点，提高职工的应急处置能力，汉中车务段组织专业人员，根据灭火器的使用说明和现场实际情况，制作了单点课程。该课程简明扼要地介绍了灭火器的三个显示区域，包括绿色安全区、黄色警示区和红色危险区的含义，以及每个区域对应的检查方法和处置措施。培训过程中，专业人员通过讲解、演示和互动问答等方式，帮助职工深入理解课程内容，掌握灭火器的检查和使用方法。为了加深职工对培训内容的理解和记忆，汉中车务段还组织了实地演练。在演练中，

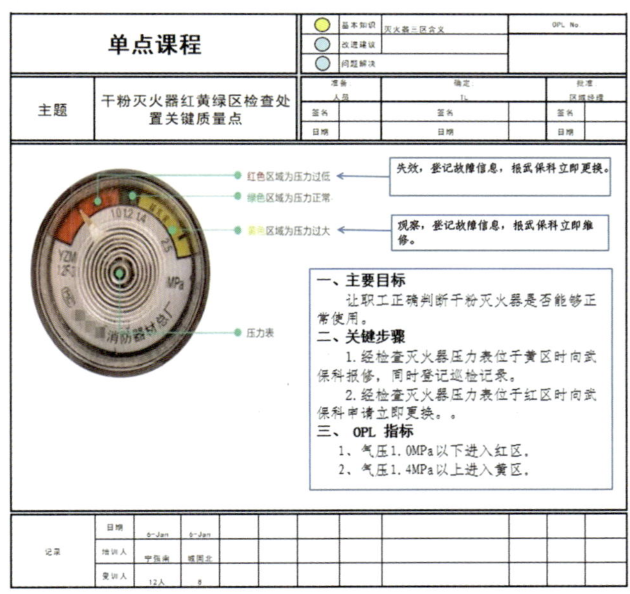

单点课程		基本知识	灭火器三区含义	OPL No.
		改进建议		
		问题解决		
主题	干粉灭火器红黄绿区检查处置关键质量点	准备：人员	确定：TL	批准：区域经理
		签名	签名	签名
		日期	日期	日期

一、主要目标

让职工正确判断干粉灭火器是否能够正常使用。

二、关键步骤

1. 经检查灭火器压力表位于黄区时向武保科报修，同时登记巡检记录。

2. 经检查灭火器压力表位于红区时向武保科申请立即更换。。

三、 OPL 指标

1、气压1.0MPa以下进入红区。

2、气压1.4MPa以上进入黄区。

记录	日期	6-Jan	6-Jan							
	培训人	宁强南	城固北							
	受训人	12人	8							

汉中车务段单点课程

西安站“安全宣传咨询日”活动

职工们模拟了灭火器检查和使用的过程，巩固了所学知识。

这一案例充分展示了精益管理在提升职工技能、保障铁路运输安全方面的重要作用。在未来的工作中，西安局集团公司将继续深化精益管理实践，不断探索和创新培训方法，为铁路运输的安全和顺畅作出更大贡献。

通过宣传引导、教育培训、应急演练等一系列措施的实施，在安全管理中通过人防、技防、管理防和工程防相结合的手段，使用精益化工具对各项安全保障措施进行针对性、时效性、科学性的管理，使“安全生产月”活动取得显著成效，职工的安全意识得到进一步提升，安全生产管理水平有效提高。

我们深刻认识到，安全生产工作永远在路上，将以“安全生产月”活动为契机，继续深化安全生产管理工作，坚持“安全第一、预防为主”的方针，不断加强安全生产管理，普及安全教育培训，提高员工的安全素质和操作技能。同时，继续加强部门之间协调联动，共同构建安全、高效、稳定的铁路运输环境。

（运输部　白宁波；安全监察室　宋　涛）

以演促练 以练为战 切实筑牢安全防线

——“6·26”西成客专长大隧道动车组列车火灾旅客疏散应急演练纪实

国铁集团始终把维护旅客生命安全放在重中之重的位置，持之以恒加强应急能力建设。2024年6月25日至26日，安监局按照国铁集团统一部署，精心设定演练场景，科学制定演练方案，组织西安局集团公司在西成客专开展了长大隧道动车组列车火灾旅客疏散应急演练，全流程检验应急预案和突发事件应对处置能力。

为使火灾应急救援处置体现一定代表性，演练地点选在西成客专鄠邑站—新场街站的纸坊一号隧道（纸坊救援站），此处位于长达45.05公里、25‰连续长大坡道的密集隧道群之中。西安局集团公司运输、调度、客运、车辆、机务、供电、工务、电务、安监、保卫、应急办等11个部门，西安站、西安客运段等7个站段和西安铁路公安局等单位干部职工共计150余人，以及100名乘务人员以旅客身份参与演练。国铁集团安监局、客运部、调度中心、铁路安全研究中心、武汉安监特派办派员指导。太原局、成都局、兰州局集团公司派员现场观摩。铁科院集团公司派员参加。

应急演练启动会

25日晚十一点多，列车从西安北站开出。经过鄠邑站后，6车突发烟火报警，引起司机注意，他立即采取最大常用制动使列车降速至120公里/时以下，并通知机械师、列车长等前往报警车厢查实确认。乘务组纷纷放下手中的事情，迅速在6车集结。一名抵达现场的乘务员发现一位端空调配电柜有烟雾从板壁散出，马上取下空调配电柜对面的灭火器，做好灭火准备。机械师第一时间上前检查确认火情性质，在切断空调电源并通知司机后，加入灭火队伍。另一名乘务员镇定地引导车厢上的旅客不要携带行李，有序前往相邻车厢。与此同时，司机联系调度中心，向列车调度员表明火情及控速运行的情况，列车调度员取消鄠邑站下行发车自触，不再向该区间放行列车。

当意识到灭火效果不佳、火情反有扩大趋势时，列车长迅速作出紧急疏散的决定，以6车为界，将全列车分成前后两端，一边组织各岗位认领并前往负责车厢，一边向司机申请向车下疏散旅客，同时还不忘确认6车二位端防火隔断门是否完全关闭。

司机再次联系列车调度员，报告火情扑救无效并申请在前方纸坊救援站停车向车下疏散旅客。列车调度员按照应急预案，组织开启应急设备，扣停邻线及本线后续列车。鄠邑站也抓紧通知站区志愿消防队应急出动。

就这样，演练按照预案全面展开。车上司机与乘务组、地面调度、志愿消防队有条不紊、秩序井然、配合衔接流畅，顺利展现了一场从发现火情，到难以扑灭紧急下车疏散，再到消防队介入灭火，最后列车恢复正常运行的列车火灾旅客疏散应急全过程，参与人员积极展现了应急响应和处置能力，增强了应对突发事件的信心和能力，演练达到了预期效果。26 日 2 时 30 分左右，演练结束，列车返回西安北站。

应急演练是应急管理的核心内容之一。大量实践证明，应急演练模拟了真实环境，预先考察了当事人遇到突发事件时的应急处置过程，给参与者留下深刻的印象，以便突发事件真正发生时当事人迅速切换至应急状态，从而有效减少可能发生的人员伤亡和财产损失。应急演练也是检验应急管理体系适应性、完备性和有效性的最好方式，可以更全面地考察应急预案中可能存在的问题，更有的放矢地进行修正及完善，从而提高应急预案的科学性、实用性和可操作性。

此次演练以实战形式较好地检验了西安局集团公司运输、调度、客运等部门应对突发状况时的协同配合能力，相比同期其他演练，具有三方面新特点。一是更加注重总体统筹，从思想、组织、标准、内容等方面一体化策划筹备演练工作，对火情发现、先期响应、协同联动、疏散应对、旅客安置等环节进行全流程演练，确保演练扎实、高质高效。二是更加注重协同综合，结合铁路多专业大系统特色，本次演练组织多部门参与、多力量配合，有效检验紧急情况下不同专业、不同部门、不同条块间的信息流通机制，考察铁路不同专业工种的协同能力。三是更加注重实战实效，本次演练在方案设计时就充分考虑了高速列车运行与调度指挥特点，无论是参演主体还是科目设置，都力求更加贴近实际的突发情况。演练场景中，夜晚、长大隧道之中、乘务组无法完全扑救火情、无法远程开启应急照明灯等不利因素相互叠加，足够贴近真实情况，也能更好地测评参与人员在遭遇意外紧急情况时的实战能力。

乘务员发现火情

本次演练是全路贯彻落实全国“安全生产月”活动要求，扎实开展应急演练的一幅精彩缩影。2024 年“安全生产月”活动期间，全路组织的应急实战演练明显多于往年，充分体现了国铁集团对高铁和旅客列车安全的高度重视。各单位将以此次“安全生产月”活动为契机，改进应急管理工作，加强应急演练培训，巩固提升应急能力水平，推动人人讲安全、个个会应急，守牢铁路安全生命线。

组织乘客紧急疏散

消防队应急出动

车上人员疏散完毕

应急有我　冲锋在前

中国铁路北京局集团有限公司

北京西车务段严格按照集团公司防洪工作总体要求，坚持“科学谋划、精准施策、从严落实”的原则，盯准“自然灾害不可控、行车事故不能出、重大风险防得住”的安全定位，结合管内山区铁路抗洪防灾能力差、降雨水害风险高、防洪安全压力大的实际情况，由主要领导统筹部署，各分管领导、专业部门协调分工、主动作为，充分借鉴往年防洪工作经验，结合实际需求推陈出新，全面做好防洪各项安全工作。

一、强化组织动员、落实站区协作

1. 召开2023年7月水害复盘暨2024年防洪工作部署会。5月6日车务段召开防洪复盘和部署动员会，分站区、车务段、中间站三个层面对2023年7月水害进行复盘分析，反思6方面27个问题，全面总结2023年防洪工作经验，并对2024年防洪工作进行部署动员，确定了优化包保安排、强化应急能力、做好物资储备等重点攻关方向，为防洪各项准备工作定下总体基调。

2. 组织召开2024年站区防洪专题工作会议。5月9日车务段联合工务、机务、电务、供电、通信、物流中心等8个单位召开专题会议，参会代表逐一交流发言，重点围绕抢险指挥、路料运输、机械装载、应急通信、后勤保障等结合部问题进行深度剖析，明确了各单位现场会商、制定初步方案、车务牵头指挥等

积极开展动员部署

水害抢险的6项补强措施。

3. 牵头成立站区防洪指挥部。落实集团公司工作要求，组织成立站区防洪指挥部并建立工作群，进一步明确各单位防洪抢险工作职责，细化丰沙线汛期行车安全措施，完善信息交流传递机制，全面提升站区协作水平。

二、完善防洪部署、提升应急能力

1. 优化包保方案，强化干部作用发挥。汛期实施领导干部包线、专业科长包片、专业干部包站的包保模式，对包保人员业务素质进行综合分析研判，合理布局分配，对管内43处Ⅱ级防洪地点涉及的27个车站全覆盖包保，特别是对2023年水害严重、Ⅱ级防洪地点集中的丰沙线安家庄至沿河城（西）间各站选派安全科、技术科骨干人员包保，做到力量均衡、不留死角。

2. 做好人员调配，补强抢险救援力量。通过车务段防洪工作会议等渠道，大力宣讲防洪形势与任务，充分组织动员、统一思想认识，在专业部门驻站包保的基础上，选取26名综合部门人员成立抢险救援、旅客疏散、后勤保障3个应急小组；车站层面成立石景山南、三家店、良各庄、白涧、涞源、大涧6个防洪抢险分队，周边区域发生客车滞留、旅客疏散、抢险救援等情况时，及时赶赴现场参加抢险。

3. 突出优势互补，建立跨站支援制度。结合部分车站干部缺乏调车经历的实际情况，由安全科和人事部门对各站干部的工作履历、业务素质和应急能力进行综合分析，择优选出全面具备调车和行车工作经历、业务能力较强的14名车站干部组成跨站支援力量，遇有水害抢险救援、非正常行车等特殊情况，由车务段统一安排对相应车站进行快速支援，协助完成列车退行领车、救援列车组织、非正常进路准备等关键作业环节。

三、编制应急资料，发挥指导作用

1. 制作“防洪防汛综合指挥图”。按照集团公司工作要求，结合车务段防洪工作实际，使用AI软件制作“防洪防汛综合指挥图”，将管内线路和车站基本分布情况、Ⅱ级防洪地点、客车径路高风险区段（车站、股道）、防洪应急联系方式和备用车辆、线路障碍自动监测报警系统、主要水系等关键内容分别建立6个图层进行绘制，确保在信息量较大的情况下各项关键内容能够清晰展示、互不干扰，同时将制作的Ⅱ级防洪地点导航二维码附在相应位置，扫描即可显示地图定位，形成导航线路，确保发生险情快速到达现场，为防洪工作总体部署提供直观有效的依据。

2. 修订“汛期行车关键提示卡”。5月8日安全科、职教科组织专业部门、各站干部及部分休班职工利用视频会议系统开展防洪培训，围绕“扣、停、拦”、限速、封锁、开通等关键环节，以及防洪高风险区段、丰沙专项度汛措施等重点内容，全面解读2024年防洪工作要求；提炼防洪文件中汛期行车核心条款，制作2024年“汛期行车关键提示卡”，塑封后配发到各站信号楼（行车室）岗点，车务段值班组通过每日17:45电视电话会议对车站干部进行提问，各专业部门和指挥中心现场或电话对行车人员进行抽查，确保现场干部职工熟练掌握汛期行车措施关键内容。

发挥应急指导作用

3. 优化指挥中心“一键应急”系统。完善安全生产指挥中心信息管理系统“应急处置”模块，组织专业部门提炼制作40个场景的应急处置提示卡录入“一键应急”系统，做到简洁明了、易于掌握，同时链接晃车、接触网停电、区间逻辑检查设备报警等汛期常见故障的处置要求，遇有设备故障等应急情况时通过

“一键应急”系统功能实现车站与指挥中心资源共享、上下联动，充分发挥指挥中心远程指导作用。

四、强化后勤保障，做好物资储备

1. 保供生活物资。车务段与北京市及河北省涞水、易县、涞源县等地 4 个大型商超签订物资供应保障协议，确保各站米、面、油等主要生活物资储备量不少于 15 天，同时在车站适量储备土豆、洋葱、胡萝卜等耐腐蔬菜；各站对接村、镇商店等物资供应点，做好公路长期断交、日常物资告罄、旅客滞留车站等情况下的应急物资保障；充分发挥丰沙线三家店站和京原线燕山站轨道车基地优势，在三家店、燕山站储备方便面、自热食品、矿泉水等应急物资，遇有特殊情况通过轨道车运送到各站，保证在站干部职工的基本生活需求。

2. 补强技术设备。车务段充分调研现场实际需求，为各站新增 71 把强光手电、51 部防爆头灯、45 台应急照明灯，更新 33 套 4G 单兵和 45 台 4G 对讲设备，满足夜间巡视、抢险救援、长期停电等特殊情况下的应急使用需求，为水害抢险救援提供重组的技术设备支持。

3. 保障应急能源。车务段指导各站组织设备管理单位，利用天窗时间共同对应急发电机进行启动和供电试验，确保各站干部职工熟练掌握应急发电机使用方法；汛期，车务段为 23 个车站补充柴油 2000 升，确保信号楼（行车室）两路电源均停电的情况下应急发电机能够正常使用。

五、突出协调联动，开展应急演练

为确保站区各单位严格落实汛期行车安全措施，提高段、站两级抢险救援应急处置能力，最大限度减小灾害损失，5 月 13 日车务段牵头组织在燕山站开展 2024 年防洪应急演练。

1. 周密部署，充分运用防洪准备工作成果。演练开始前，车务段各专业部门制定并完善了演练方案和脚本，同时充分发挥站区防洪指挥部作用，对各单位的准备工作、到位时机、任务目标进行统一安排，并通过工作群直接进行传达部署；车务段除安全、技术、职教、指挥中心等专业部门各司其职、充分发挥作用外，重点安排劳资、信息化等部门人员组成的车务段应急抢险预备队抢险救援小组深度参与现场抢险环节，确保遇有应急情况时预备队能够拉得出、顶得住、打得响。

扎实开展应急演练

2. 协同动作，高效完成演练各项关键任务。演练过程中，各单位参与人员严格执行演练部署，积极出动、按时到位、各司其职、密切配合，按照脚本顺利完成“拦、停、扣”、封锁和限速登销记、抢险队伍集结开动、机械装载加固等关键环节的演练，真实模拟了降雨封锁、开通、限速及现场水害抢险过程，实现了演练的既定目标。

3. 认真总结，持续优化站区防洪应急能力。演练结束后，车务段及时组织站区各单位开展复盘总结，对演练过程中存在的问题逐一进行分析，主管副段长会同各单位负责人再次强调作业关键、商讨改进措施，着力优化站区协调配合机制，确保此次演练成果得到有效推广和应用。

汛期，北京西车务段将严格执行上级工作部署及命令指示，坚持人民至上、生命至上，守土有责、守土负责、守土尽责，将前期防洪各项工作成果运用到位，全力确保 2024 年防洪安全。

（北京西车务段　闫语轩）

查缺补漏完善预案 从容不迫应急处突

中国铁路南昌局集团有限公司

“鹰厦线上游车站附近有倒树，影响安全，请迅速处理”，永安工务段永安路桥车间工长张成鹏接到通知后，立即执行工务系统故障、险情或自然灾害应急处置流程，组织人员赶赴现场处置，各应急队员分工合作、各司其职，及时将侵入限界的倒树清理干净，保障了铁路运输安全。

永安工务段迅速、高效、准确地应对突发事件是南昌局集团公司众多应急处置中的一个缩影。今年以来，南昌局集团公司深入贯彻新理念新策略新方法，结合“安全生产月”活动事项，组织各部门对应急预案、应急处置方案的操作性、适用性进行全面梳理补强，同时，制作常见故障处置应急教育片，组织相关干部职工学习，要求熟练掌握各项突发事件应急处置流程，确保在紧急情况下能够迅速、有效地采取应对措施。

应急预案是应对突发情况的快速响应机制，简洁明了、条目清晰的应急预案能在应急抢险中取得事半功倍的效果。如何构建系统、完整、实效的应急体系？南昌局集团公司提供了好的思路。

一、整理预案体系，明确修订分工

应急办、运输部组织各部门全面梳理现行综合应急预案、专业应急预案和现场处置方案，指定专人对标上级应急预案、规章文电，逐一核对、审查预案职责分工、应对措施、资源保障等内容的完整性和准确性。对各部门上报的 58 项应急预案，按照事故救援、防洪防台风地质灾害、地震、冰雪天气、火灾爆炸、桥梁隧道、公共卫生、突发事件、设备故障、客运组织、其他等 11 个类型，整理汇编形成集团公司应急预案体系，根据原预案发文部门逐项确定负责审核修订部门。

永安工务段永安路桥车间“搜山扫石”突击队开展隐患排查

二、聚焦生产实际，查摆预案缺漏

各部门根据近期发生突发事件、运输组织变化、设备升级改造、监测检测装置上新使用等，注重排查有无相对应的应急预案、预案内容违反上级规定、预案更新不及时、预案内容与实际不符、处置操作流程不明确等问题，秉承应急预案具有科学性、实用性和可操作性理念，结合新的法律法规、政策要求、上级要求、应急处置需要，提出具体的修订意见和建议。例如，针对强对流天气频发、应急处置缺少规范问题，制定《南昌局集团公司强对流天气特定行车组织办法》，规范了强对流天气预警响应、行车组织等要求；总结冰雪恶劣天气应对防范工作，补充设置供电观察哨，完善《南昌局集团公司扫雪除冰组织办法》《南昌局集团公司降雪预警会商决策机制》。

三、倒排修订计划，确保有序开展

各部门成立工作专班，根据前期排查需完善的预案，统筹制订修订计划。修订过程综合考量处置流程简洁明了、易于操作，相关预案涉及的应急处置流程图和工作方案同步修订。客运部门修订下发“客运重点场景应急流程图”，新增 21 个场景、修订 7 个场景应急处置流程；机务部组织对机务非正常应急处置流程进行修订完善，共修订完善应急处置流程 211 项。截至 6 月中旬，各部门完成 2 项制度制定、13 项应急预案修订、259 个处置流程完善工作。

应急预案完善是一项长期性、持续性工作，南昌局集团公司定期组织各部门梳理人员、机构、设备等变动对应急预案带来的影响及总结分析实际运用存在的不足，动态完善各类应急预案、工作方案、处置流程，为应对突发事件处置提供指南。

（南昌局集团公司　邱明明）

①南平工务段作业人员对线路设备进行紧固
②南平工务段防洪应急响应期间，将侧沟淤积泥沙填充为防洪沙袋
③南昌工务段南昌路桥车间组织职工在路肩水沟旁清理落石泥沙
④南昌供电段吉安供电车间职工防洪期间对设备进行检修保养
⑤永安工务段永安路桥车间正在处理侵限倒树

强化应急能力　畅通生命通道

中国铁路上海局集团有限公司

为了坚决守住铁路安全政治红线和职业底线，不断提升应对各类突发事件处置能力，2024 年安全生产月以来，中国铁路上海局集团有限公司上海客运段积极开展安全宣传和应急演练，突出有效管用和全员参与原则，全面提升职工安全素质和应急水平，力争做到“人人讲安全、个个会应急”。

一、在安全教育上“打基础”，筑牢“人人讲安全”的思想根基

段党委开展理论学习中心组（扩大）学习，组织科室负责人认真观看“人人讲安全、个个会应急——畅通生命通道”2024 年安全生产月公益宣传片、安全生产月专题视频《不可逾越的红线》，并结合各自分管工作开展深入讨论交流。各车队（间）结合“安全生产大家谈”“班前会”“以案普法”等活动，利用班组出发会、党支部“三会一课”、职工政治学习、培训班等形式，组织全体干部职工在线学习观看，并开展安全反思，引导全员牢固树立安全发展理念、增强安全责任意识。充分发挥党委会“第一议题”引领作用，

车队观看安全警示教育视频

并在 6 月安全例会上重点学习了习近平总书记关于应急管理的重要论述，全面学习领会精髓要义，真正把“时时放心不下”的责任感转化为“事事心中有底”的行动力。作为上海局集团公司安全文化示范点，充分发挥安全文化沁润人心的作用，将安全生产月宣传融入“东方情”品牌建设、主题党团日活动等，结合“紫薇花”志愿者服务队，在上海市南京路步行街设立安全宣传咨询台，增进社会公众对生命通道的认识和理解。同时，制作安全宣传横幅、安全警示宣传画报、安全理念标语等，在宣传橱窗、车队（间）会议室、学习室进行张贴，并运用局域网专题栏目、官方微信平台做好典型火灾案例的宣传及畅通生命通道的必要性，筑牢全员保安全的政治自觉、思想自觉和行动自觉。

二、在应急演练上“下苦功”，达到“人人会应急”的实战要求

“G10 次列车发生火灾”，随着车队干部的引导，G10 次一组开展了突发情况“双盲”应急演练。班组在出乘前均由车队干部组织开展应急演练，6 月以来已演练 420 余次。为了提高职工应对突发事件的快速响应、协同配合和专业处置能力，突出“人人讲安全、人人会应急——畅通生命通道”的主题，在虹桥火车站东贵宾室生产中心开展发生火灾疏散应急演练。为了让应急处置更加有力有效，积极推广模拟火灾或地震、旅客因伤病必须临时停车抢救、长大隧道发生突发情况等场景的“双盲”应急演练的演习，有效杜绝防范旅客列车涉险事件中应急“断、慢、乱”问题，检验了预案、锻炼了队伍、磨合了机制。

疏散逃生应急演练

三、在专项整治中“长本领”，补强“畅通生命通道”的短板弱项

针对2024年以来电动自行车电池自燃引发爆炸、起火事件频发，上海客运段扎实开展电动自行车消防安全隐患排查整治，结合段二季度安委会确定的“电动自行车库消防隐患”挂牌督办整治项目，组织各部门全面排查整治电动自行车“进楼进梯入户”“人车同屋”“飞线充电”，以及占用堵塞消防“生命通道”等违规停放充电行为，加大监督检查和考核力度，将电动车违规充电行为纳入安全红线管理。同时重点加强对办公场所和地面库点通道门的检查，严禁堆积杂物，擅自锁闭。突出列车安全通道畅通，列车乘务班组重点加强列车防火隔断门的检查，列车服务备品、小推车定位放置，加强旅客大件行李的整理，确保消防通道畅通。同时，认真落实《国铁集团安全委员会办公室关于开展铁路电梯专项排查整治行动的通知》和集团公司部署要求，把此次行动作为“安全生产月”活动的重要内容，对照集团公司明确检查的重点内容，逐项认真做好制度建设、日常管理、维保管理等内容的梳理自查，对管辖范围内的客、货电梯开展了一轮全面检查，及时发现隐患、消除隐患，确保隐患闭环销号。

联合上海工务段开展路外安全宣传“进校园”活动

四、在问题导向中“强责任”，凝聚“齐心协力抓安全”的工作合力

为了让全体干部职工积极投身到“安全生产月”活动中，当好守护安全的“主人公”，上海客运段加强安全警示教育，认真开展重大事故隐患判定标准宣贯，落实安全生产监督举报制度，通过厂务公开、安全邮箱等形式畅通安全生产举报渠道，注重保护匿名举报人的隐私，加大发现安全隐患和防止事故奖励力度，调动职工排查举报人员密集场所、地面库点堵塞“生命通道”等身边的安全隐患，对发现安全突出隐患和防止安全事故的人员，进行通报表扬和奖励，鼓励干部职工争做公共安全“吹哨人”。

组织人员参观安全警示室

上海客运段坚持高标定位、对标找差、守正创新，狠抓工作落实、严格规范管理，切实做到底数清、状态明、措施硬、落实好。通过形式多样的“安全生产月”活动，有效提升了广大干部职工的安全责任意识和应急处置能力，为在勇当服务和支撑中国式现代化“火车头”的新征程上奋力走在前列奠定了坚实基础。

（上海客运段　吴　琳）

磨合机制　锻炼队伍
全方位开展安全应急演练

中铁特货物流股份有限公司

中铁特货公司认真贯彻落实国铁集团“安全生产月”活动工作部署，紧紧围绕“人人讲安全、个个会应急——畅通生命通道”主题，突出抓好职工应急能力和避险能力建设，强调真实场景下的突发问题处置，充分利用外部资源和内部条件，组织开展多场景、多方式、多岗位的应急处置培训和演练，进一步提升职工安全知识储备应急处置技能。

一、学习应急本领，强化自救互救

“做人工呼吸之前要先确认患者状态，在耳边呼喊，拍两肩，摸动脉，然后检查气道是否畅通，口中是否有异物要处理，找准胸前按压点，注意按压30次，呼吸2次的频率。”蓝天健康体检院的专家在对中铁特货郑州机保段现场一线的运维人员、调车人员及检修人员等进行现场急救知识的示范培训，讲解心肺复苏术的操作要领。郑州机保段认真落实“安全生产月”活动安排，针对冷链装备运维人员、机冷车乘务员小团队外出作业特点，积极做好职工自救 互救培训，提升现场人员应急处置技能。2024年6月4日，机保段邀请蓝天健康体检院健康专家，为职工开展职业健康知识和现场急救技能的专题讲座，围绕职业病预防、心肺复苏术、海姆立克急救法、自救互救技能

郑州机保段应急知识专题培训

等内容进行现场生动授课。参与培训的职工积极主动与专家互动，询问身体体检异常指标情况，体验如何进行心肺复苏，拍照留存现场急救、受伤包扎重点内容，职工纷纷称赞，表示这类知识不仅仅工作上有用，生活中也用得到。同时，郑州机保段通过悬挂《紧急救护知识科普》《自救互救知识》等宣传挂图、发放宣传手册、播放宣教视频等方式，积极营造良好的宣传学习活动氛围。

济南分公司消防安全演练

二、模拟高楼逃生，开展联合演练

中铁特货济南分公司按照“安全生产月”活动安排，在强化现场作业职工应急处置培训演练的基础上，积极组织开展分公司本部管理人员的应急处置演练。6月7日，分公司主动联合办公场所的西元大厦诚信行物业公司，开展高层逃生等应急处置演练。首先与物业公司共同开展“生命通道”知识宣传教育，学习典型火灾事故案例，物业公司消防管理人员讲解了安全疏散知识，介绍物业大楼消防设备设施、火灾警报设施情况及发现突发火情时如何处置等内容。15时30分，物业公司拉响火灾警报，开启应急广播，模拟写字楼13层发生火灾，分公司员工立即按应急预案措施使用湿毛巾捂住口鼻，快速有序通过安全通道进行疏散撤离。其间，分公司设置两名安全员负责检验演练情况，维护演练秩序，保障演练期间人员安全。最后物业公司消防管理人员仔细讲解手提式灭火器、消防水带使用方法，模拟大楼某层垃圾桶着火，组织人员使用手提灭火器练习如何扑灭初起火灾。

三、利用外部资源，体验应急实战

6月12日，中铁特货汽车物流公司组织全体职工赴北京西红门应急安全教育活动基地，实地开展主题安全教育体验活动，在基地教官的带领下，围绕自然灾害、消防安全及医疗救护等三个板块展开实地学习，交互式体验了地震逃生、高层缓降、结绳训练、高压触电、地铁逃生等课程。重点针对火场逃生、紧急医疗救护两方面开展学习演练。模拟感受电动车起火现场和应急处置，牢记灭火器“一拉二拔三压”六字口诀，职工们实操干粉灭火器，掌握正确使用灭火器的方法要点；通过场景布置和散布烟雾，感受逼真的火灾模拟逃生系统，沉浸式体验火灾发生后，在狭小黑暗空间里进行疏散逃生和自救的能力，切实提升职工安全意识和应急处置能力。在教官的带领下，全体职工还进行了止血包扎、心肺复苏等模拟、AED练习、气道梗阻模拟救人等实践场景体验。这些身临其境的体验，让职工们学会了如何在紧张的环境中保持冷静并且快速展开自救，自我保护能力和应急反应能力得到显著提升，安全教育体验真正做到“起于知识、形于技能、终于意识”。

四、统筹内部力量，提升专业技能

中铁特货广州机保段是特货公司教育培训基地，

配备有相关安全教育设施和体检设备，安全生产月期间，广州机保段充分利用培训资源，组织职工参观安全警示室，观看安全警示视频案例，开展 VR 体验，让职工亲身体验查找安全隐患，扑救初起火灾、应急逃生等场景体验；利用安全体验设备，组织职工逐个体验安全帽（鞋）撞击、安全带保护、失稳滑移、安全电流触电等感受，让职工深切体会安全防护的重要性，进一步增强安全意识，自觉落实防范措施。同时，公司各单位统筹自身资源，结合现场管理场景组织开展针对性的安全应急演练；组织公司 33 名注册安全工程师给职工讲解现场作业安全常识，解读作业安全制度规定，解答职工作业中的安全困惑，积极提升现场安全管控能力。

通过组织各单位贴合实际开展应急处置实战演练和培训，检验了干部职工的应急处置能力，补强了应急处置的短板弱项，完善了应急处置预案，增强了职工现场应急处置和逃生避险能力。

（安全监察部　邹向平）

广州机保段 VR 及安全防护体验

武汉分公司开展消防安全演练

昆明分公司开展疏散逃生演练

固本强基"拔"素质　演练实战"强"本领 畅通生命安全"双通道"

中国铁路呼和浩特局集团有限公司

为深入学习贯彻习近平总书记关于应急管理与安全生产的重要论述，呼和浩特客运段在安全生产月期间，紧密围绕"人人讲安全、个个会应急——畅通生命通道"主题，探索创新演练模式，巩固优化演练项目，全面部署和积极策划了一系列安全保障活动，进一步筑牢安全生产防线，让"防"的意识根植于心、让"强"的本领践之于行，有力带动本质安全管理能力和应急处置水平稳步增强。

一、广泛动员部署，掀起活动热潮

利用季度安委会时间召开安全生产月动员部署会，深入学习习近平总书记关于安全生产的重要论述和对安全工作的重要指示批示精神，观看"安全生产月"活动宣传片，结合近年来发生的客运典型问题，深入反思查摆安全生产短板弱项，以及风险管控失效根源，强化安全意识，避免问题反复。分批次组织学习观看全民公开课、主题宣传片、警示教育片及典型案例解析片16场次，围绕今年以来全路典型事故，组织近三年入路职工开展警示教育143人次、重大事故隐患判定标准宣贯学习7场，在列车上悬挂宣传横幅，为旅客发放宣传册，与学校合作开展"平安暑运、一路畅行"北疆列车课堂

深入学习习近平总书记重要讲话精神

开展消防、反恐应急知识培训，模拟实战演练

进高校志愿活动，全面掀起“安全人人讲”的活动热潮。

二、实施专项整治，筑牢安全防线

安全生产月期间，着重开展生命通道畅通排查，整治电动自行车违规停放充电隐患行为，解决占用、堵塞、封闭通道问题。从岗位和作业两个关键角度出发，明确消防安全、安检查危、车门安全、食品安全、劳动安全、乘降组织安全、道路交通安全、小型动力机械、手机管理 9 项整治重点，成立两个专项检查组，集中解决现场“两违”顽疾 32 件，现场安全风险防控水平稳步提升。

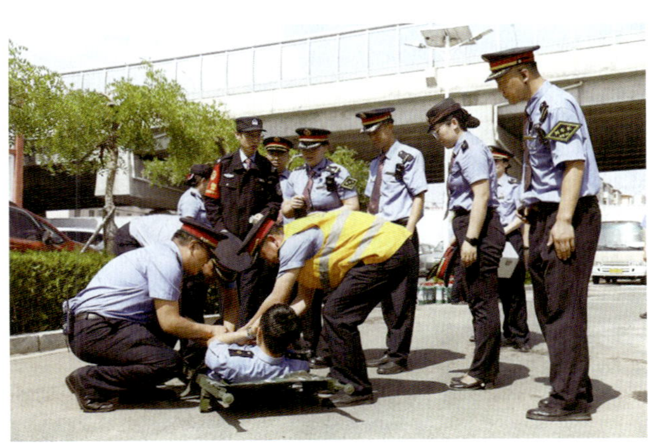

救助伤员演练

三、创新学习方式，为高效处置“立标准”

为进一步规范应急处置流程，妥善处置运输生产中各类突发事件，客运段结合 14 项应急处置预案，针对旅客列车可能发生的 30 个应急事件场景，组织业务科室、车队编制了应急演练脚本，成立应急处置教学视频拍摄组，精心制作高质量教学视频，生成二维码供乘务人员随时使用手机扫码观看学习，用剧情演绎的方式，有效提升职工对应急处置流程的学习兴趣，全面掌握应急处置流程。

四、畅通生命通道，为应急逃生“创先机”

坚持“人民至上、生命至上”，从模拟实战的角度出发，在机关办公区域组织开展情景模拟火灾应急逃生救援演练，释放消防烟雾弹、启动应急疏散广播，充分制造楼内起火冒烟的“假象”，如同亲临火灾现场，顿时充满危机感、紧迫感，办公人员闻令而逃、互助联动、迅速撤离，在 3 分钟内高效完成了疏散逃生，为确保生命安全夺取了宝贵时间，也让参演人员切实掌握了应急逃生疏散本领。

五、优化演练方式，实现竞赛评比“大联动”

一场别开生面的应急救援“接力赛”在院内拉开帷幕，以消防运动会的形式，分别设置灭火器接力赛、列车火灾应急救援、列车反恐应急救援以及消防水带接力赛 4 个单元。参赛选手手持灭火器，以最快速度冲向灭火点，以接力的方式实施火灾扑救，做到“速战速决”。各参赛队伍通过剧情脚本设计、服饰道具搭配，生动形象地还原了旅客列车火灾、恐怖袭击等突发状况，让观摩人员身临其境，规范演绎了初起火灾网格化扑救、制服涉恐人员、解救受伤旅客等处置流程，做到“争分夺秒”。模拟火灾发生时利用消火栓灭火的过程，两人一组，栓阀连接水带、水带连接喷水枪头，到达指定位置将水喷出，实现用最短时间快速灭火，做到“快速高效”。生动地演绎和诠释了客运人在应对突发状况时的反应能力和处置水平。获得了上级领导的认可和大力推广。

呼和浩特客运段此次“安全生产月”系列主题活动的开展，体现了生命与火的较量、速度与技能的比拼，责任与危险的抗衡，有力带动了应急管理工作从培训有力到响应有速，从应急有备到处置有序的标准化规范化应急管理模式的构建形成，切实起到了“以学促演、以演助防、以练备战、战而能胜”的作用。

（呼和浩特客运段　孔　红）

消防栓使用实操

灭火器使用方法

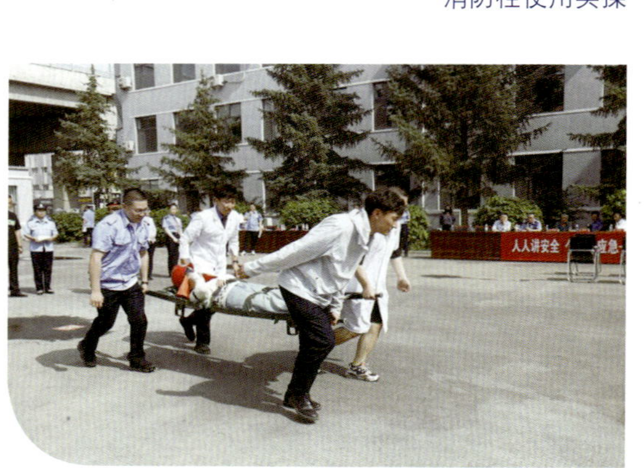

生命至上

制服“歹徒”

高铁应急演练重实战　畅通生命通道保安全

中国铁路太原局集团有限公司

“列车调度员，55611 次 4 车卫生间烟感报警，列车已降速运行！”凌晨，一列高速动车组刚刚驶进大西高铁长大太谷东隧道入口处，车上的烟感报警就划破了长夜的宁静。经随车机械师现场查看，发现卫生间内出现明火，立即按下火灾报警按钮，并向列车长报告，列车长立即通知司机。司机采取减速、停车、降弓措施，列车停于长大隧道太谷东隧道入口 369 公里 530 米处。

火情突然，情势危急！但训练有素的列车乘务人员从容冷静应对。只见列车员迅速使用灭火器扑救火情，但因火势较大，火情无法得到控制，必须立即向地面疏散旅客！

隧道内疏散旅客，危险系数高、组织难度大。但周密的应急预案、平素的日常训练，让乘务人员有信心确保旅客的生命通道绝对畅通。只见列车乘务人员有序组织 4 号车厢旅客向 3 号车厢转移，在清点人数确定无遗漏人员后，关闭通道防火隔断门，组织全体旅客向地面疏散。此时，隧道内邻线已封锁，接触网已停电。在漆黑的隧道中，乘务人员熟练地开启隧道内的紧急照明、通风设施，带领旅客向隧道口疏散，经过清点，全部旅客安全疏散至隧道口，全程仅用十余分钟。

这紧张的一幕，实际上是太原局集团公司组织的高铁综合应急演练的一项内容。太原局集团公司深入贯彻落实国铁集团关于安全生产月的部署要求，以“人人讲安全、个个会应急——畅通生命通道”为主题，在 6 月组织开展多项高铁综合应急演练。除此项动车组在长大隧道内发生火灾应急疏散演练外，还综合开展了动车组晃车，登乘动车组进入区间处理故障；弓网故障处理，动车组机械师登顶处理；动车组在长大坡道故障，使用同型动车组救援；以及动车组空调故障，开门限速运行等多项演练内容。本轮演练，对集团公司高铁应急救援能力进行了一次全方位检验，确保在真正的紧急情况下，高铁各系统各岗位能够迅速、有效地处置各类突发事件，确保旅客生命安全通道的绝对畅通。

模拟动车组长大隧道发生火灾旅客疏散演练一

模拟动车组长大隧道发生火灾旅客疏散演练二

一、强调贴近实战，突出以练备战

“有预案”和“无脚本”相结合，是此次高铁综合应急演练的鲜明特点。针对各项演练科目，太原局集团公司认真制定应急预案，充分进行安全风险研判，确保方案周密、应急有备。演练现场不编制演练脚本，最大化贴近实战，考验参与人员随机应变、应急处突能力。所有演练内容均按照运营标准配置人员，场景模拟真实故障，处置遵守既有规定，演练涉及车务、客运、机务、车辆、工务、供电等多个专业，实现了跨部门、跨专业的有效协同，强化了系统间协同联动、工种间协调配合、岗位间互补联控的能力，真正做到“人人讲安全、个个会应急”。

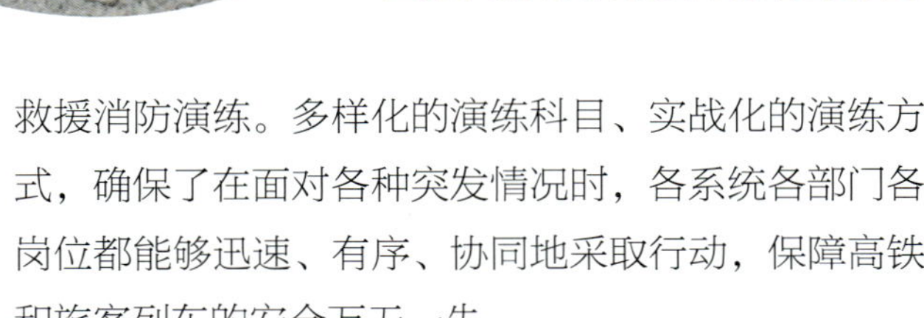

工务系统开展自轮运转设备起复演练

二、丰富演练科目，强化协同作战

安全生产月启动以来，太原局集团公司深入学习习近平总书记关于安全生产的重要论述，围绕“畅通生命通道”的要求，组织各部门各单位开展形式多样的应急演练。6 月 4 日至 6 日，集团公司组织开展工务系统自轮运转设备起复演练竞赛，10 个单位 50 名选手参赛，检验预案、磨合机制、锻炼队伍。侯马车务段针对人员密集的候车室、单身公寓等重点场所，开展应急通道疏散演练 32 站次；大同站围绕防震减灾，组织开展地震预警车站值班员拦停列车演练、地震避险疏散应急演练；太原机务段以疏散、灭火与救援为重点内容，在油料储运车间开展避险逃生和应急救援消防演练。多样化的演练科目、实战化的演练方式，确保了在面对各种突发情况时，各系统各部门各岗位都能够迅速、有序、协同地采取行动，保障高铁和旅客列车的安全万无一失。

太原机务段开展模拟动车组隧道脱轨起复演练

三、坚持功在日常，形成长效机制

安全生产，不止六月。太原局集团公司持续健全完善应急预案和应急规章管理体系，常态化开展联合演练，坚决确保应急有备、迎战有方。严格应急预案编制、审批、发布、备案，动态评估、动态修订。加强集团公司应急指挥中心建设，发挥各运输站段安全生产指挥中心作用，有效发挥专业指导、协调联动、应急响应、信息通报作用。加强铁路应急救援专业管理，健全完善救援列车、救援队管理办法，科学布局救援物资保障网点，严格应急救援人员资格准入，保障救援力量素质达标。分层分级建立健全与地方政府相应部门的联动工作机制，统筹社会救援力量，常态化开展路地联演联训，构建大应急大救援体系。太原局集团公司将持续落实好安全生产月的各项要求，常态化组织开展畅通生命通道的宣传和演练，不断提升火灾、地震等场景的逃生自救、应急疏散能力，突出生命通道在避险逃生和应急救援中的关键作用，将安全防线筑得更加坚实。

（侯马车务段　赵　峰）

“四个强化”保障生命通道畅通无阻

中国铁路广州局集团有限公司

2024年6月是第23个全国“安全生产月”，广州局集团公司围绕“人人讲安全、个个会应急——畅通生命通道”主题，巩固消防车通道和应急疏散设施专项整治、除患攻坚大整治大行动、电动车消防隐患排查整治等成果，以“四个强化”保障生命通道畅通无阻。

一、强化生命通道宣传培训教育

鼓励各单位联合结合部单位、承租商户，邀请消防救援机构、公安机关、消防公司，广泛开展法律法规、应急疏散、灭火救援、高层建筑逃生等消防安全宣传教育培训。6月16日，广州白云站开展“安全宣传咨询日”活动，组织房建、联创、瑞威等结合部单位，并邀请消防救援大队和广州市手拉手志愿服务促进会参加，车站职工代表发出畅通生命通道的安全倡议，派出所民警现场宣传畅通生命通道法律责任，消防救援人员讲解消防设备设施使用、疏散逃生方法、模拟灭火演练等，志愿者协会现场进行心脏复苏急救演练和AED使用办法讲解，多渠道开展畅通生命通道宣传教育。肇庆车务段组织各级消防管理人员、出租经营场所管理人员举办消防安全培训班，邀请消防公司讲解日常火灾预防、高层建筑逃生技巧、如何做好人员疏散等，有效增强了人员密集场所、高层建筑管理人员安全防范意识和组织人员疏散技能。机关事务部组织24个部门200余人在综合办公楼开展高层建筑避险逃生演练知识培训。

广州白云站“安全宣传咨询日”活动

机关事务部高层建筑逃生知识培训

二、强化生命通道应急疏散演练

组织各单位联合消防救援机构、公安机关、出租商户突出“生命通道”主题，开展逃生和应急救援演练，加强各单位沟通协作，为消防应急救援提供有力保障。广东羊城实业公司铁城分公司在广州东站联合出租经营场所商家开展了安全生产月消防应急演练。广州供电段组织各车间、工区间休、宿舍等人员密集场所开展应急逃生疏散演练。广州铁路物流中心联合95306货运服务中心开展灭火和应急疏散演练。广九客运段组织11个动车队、4个普速车队开展旅客列车隧道火灾疏散应急演练。

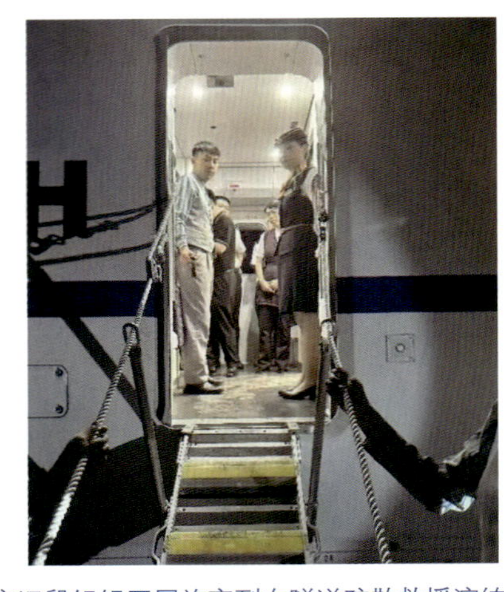

广九客运段组织开展旅客列车隧道疏散救援演练

广东羊城实业公司出租经营场所开展应急救援演练

三、强化生命通道隐患排查整治

巩固消防车通道及应急疏散设施专项整治成果，动态整治违规占用、堵塞封闭疏散通道和安全出口问题；以最大限度满足广大干部职工电动车停放充电需求为目标，建成一批电动车停放充电场所；全面整治影响逃生和灭火救援的防盗网、铁栅栏、广告牌等障碍物。安全生产月期间排查整治生命通道相关问题 266 个，整治完成消防车道及疏散设施遗留问题 89 个。怀化房建公寓段组织对行车公寓、单身宿舍场所影响逃生和灭火救援的防盗网、铁丝网、广告牌等障碍物 145 处，改造整治 125 处。广州铁路物资公司乐昌安捷分公司加大电动自行车停放场所整治，规范设置油、电隔离自行车停放场所。广州车务段全面整治消防车道及应急疏散设施专项整治遗留未划线问题。

四、强化消防隐患督导检查及通报考核

修订完善了《广州局集团公司消防安全责任制实施办法》，厘清了消防管理职能分工和各业务部门消防管理主体责任，进一步压紧压实各层级消防责任；对违反国家法律法规、不符合消防技术标准等问题的责任单位下发《消防隐患整改通知书》；对严重违反

广州铁路物资公司规范设置油、电隔离自行车停放场所

消防安全问题和检查发现的典型、倾向性消防隐患问题，在每周一下午全集团安全对话会上分析通报。2024 年以来督导检查发现的 552 个消防隐患问题下发了四期《消防检查通报》，典型问题下发《消防隐患整改通知书》60 张，周一下午全集团安全对话会上分析通报 4 次。安全生产月期间强化了“畅通生命通道”消防监督检查力度，督导检查了广州、怀化、长沙地区共 13 个单位，发现 33 个问题，下发了 6 张《消防隐患整改通知书》。

（保卫部　杨小维）

夯实管理基础 防范安全风险 多管齐下维护运输安全稳定

中国铁路南宁局集团有限公司

南宁局集团公司深入贯彻落实习近平总书记关于安全生产的重要论述，牢固树立总体国家安全观，落实国铁集团“三个从严”要求，以从严“落责任、落措施、落标准”活动为抓手，结合当前“安全生产月”活动，扎实开展安全专项督导检查和“零点”夜查暗访行动，积极应对“龙舟水”，强化安全责任措施标准落实，切实防范安全风险，确保铁路运输安全稳定。

一、让安全管理基础更加牢固

1. 周密部署，务求活动实效。南宁局集团公司紧紧围绕“人人讲安全、个个会应急——畅通生命通道”主题，按照国铁集团“安全生产月”活动重点工作安排，集团公司党委书记、董事长，总经理亲自部署，分管安全副总经理亲自组织研究活动方案，围绕学习贯彻习近平总书记关于安全生产的重要论述、组织开展畅通生命通道宣传和演练、“安全宣传咨询日”活动、安全宣传“五进”工作等 4 方面 15 项具体内容，明确责任单位、责任部门，按照既定方案有序推进，活动取得阶段性成效。

2. 同向发力，筑牢安全管理基础。自“安全生产月”活动开展以来，集团公司各部门、各单位深入贯彻落实国铁集团安全工作的新理念新策略新方法，从严落实责任，坚持目标导向、问题导向，传递严抓严管导向，督促相关单位做好国家铁路局组织柳南客专安全评估检查发现问题的整改闭环；从严落实措施，全面查找安全责任断链、工作闭环缺失，打通抓落实断点、堵点，紧抓中央巡视问题及集团公司党委巡察问题整改；从严执行标准，切实提升站位、转变作风、改进方法，把标准落实到运输生产全过程各环节，有效解决了标准不高、管理不严问题。

柳州电务段开展安全生产月集中宣贯

玉林工务段观看安全警示教育片

集中开展设备病害克缺

二、让安全风险逐个化解

1. 开展片区安全专项检查。安监室联合各专业部门，以查隐患、防风险、守底线为主线，聚焦防洪、施工、行车、设备设施、消防等安全重点，组织131人次集中对玉林、柳州地区各单位开展安全专项督导检查，深入查摆隐患问题198个，并与相关单位主要负责人集中交换意见。督导检查后，各部门、单位主要负责人高度重视，组织专题研究，举一反三、压实责任，认真查摆安全隐患问题并落实整改。集团公司各专业部门围绕防洪防汛这一工作主线，兼顾施工、行车等安全重点，组织开展防洪隐患风险再排查、再研判，按照“防、避、抢”工作要求，落实防洪会商机制。从风险区段确定原则、信息流程、禁止和解除进入风险区段流程、进入风险区段处置办法4方面完善旅客列车重大涉险事件有关事项，从源头上防范防洪安全风险。

2. 开展“零点”夜查暗访行动。结合安全生产月期间的安全工作要求，集团公司于端午假期成立6个片区检查小组，分别深入南宁、柳州、桂林、玉湛梧、百色和沿海地区各单位进行“零点”夜查暗访行动，重点检查“防护体系”执行、防洪重点措施落实、施工现场劳动安全和施工防护措施落实、乘降组织和安检查危、反恐和消防、设备质量和隐患整治、现场“两纪一化”、劳动安全和道路交通安全、路外环境等，累计发现55个问题。从现场暴露问题倒查管理和干部作用发挥问题，重点复查问题整改，对重复发生、虚假整改的，存在严重管理问题和干部履职问题的，存在突出隐患的，下发安全监察指令书、安全监察通知书督促落实整改。

未雨绸缪，开展防洪准备工作

3. 采取有力有效措施应对“龙舟水”。各单位、各部门树牢底线思维、极限思维，由以雨为令向以警为令转变。提前研判防洪形势和防洪风险，及时掌握线路雨量警戒状态及后续降雨情况。严格落实 24 小时领导带班值班和 24 小时雨量盯控制度，做好特殊天气巡检工作，执行网格化管理，利用机车添乘、徒步检查、分组排查等方式对铁路线路、路基、桥隧等设备设施进行不间断检查。打破固有“三级雨量警戒”思维，果断提级办理雨量警戒，加强雨中雨后巡查，将防洪重点地点（地段）纳入以守代巡、严守防线。坚持“边检查、边整修、边销号”，逐条分析设备病害隐患，针对性制定措施，并将无法立即处置的病害纳入问题库，提报施工计划跟进整治，做到检查一处、整修一处、达标一处。

三、让安全氛围更加浓厚

1. 抓好安全生产月学习。坚持把习近平总书记关于应急管理的重要论述、习近平总书记对广东梅州市梅大高速茶阳路段塌方灾害作出的重要指示作为领导人员安全生产月学习重点，列入两级党委理论学习中心组学习内容，通过学习统一思想共识，凝聚工作合力。在 6 月“敦行（政治理论学习）”电子资料包中推出习近平总书记关于安全生产的重要论述和精品微课“安全为人人，人人保安全”，组织干部职工学习，并围绕从严压实责任、从严落实措施、从严执行标准，结合本职岗位讨论如何做到从严“落责任、落措施、落标准”。

2. 积极开展安全生产月宣传。在集团公司全媒体平台开设扎实开展“安全生产月”活动、微话题 @ 安全生产月、防洪现场直击、防洪抗汛进行时等栏目 5 个，推出“安全大家谈　我们有话说”等专题专版报道 8 个，刊发《集团公司多管齐下维护运输安全稳定》《风雨中，有一群人从不缺席》《安全不止于言　实战筑牢防线》《这份电动车安全指南请收好》等报道 101 篇。制作发布“扎实开展‘安全生产月’活动”、“扎实开展从严‘落责任、落措施、落标准’活动”、安全大检查三期板报、向广大干部职工宣传安全生产工作要求。

3. 激发宁铁青年活力共保安全。集团公司团委组织动员 506 个团支部，通过“三会一课”、专题学习会强化安全发展理念学习，开展观看“安全生产月”主题宣传片、《安全生产责任在肩》警示教育片和安全案例分析、“安全大讨论”等活动 235 场次，增强青年安全红线意识。深化“青年小班制”积分竞赛，开展全员网络赛、小班制实作赛 380 多场次，组织“畅通生命通道”应急演练和知识竞赛 45 场次，覆盖青年 1.7 万余人，提升青年保安全能力。针对防洪防汛组织桂林片区单位 45 支青年突击队开展突击奉献活动 50 多场次，发挥生力军和突击队作用。深化铁路安全宣传教育“进学校”，结合铁路灾害应急电话 96116 宣传和防灾减灾、消防知识普及，入校开展互动式、体验式宣传教育活动 32 场次，助力净化铁路沿线安全环境。

4. 持续深化安全文化建设。将集团公司“安全生产月”活动要求列入“改革创新展作为、提质增效立新功”主题宣讲内容，组织政治工作队和党校“宁铁轻骑兵”分赴管内各铁路地区开展宣讲，截至 6 月 20 日，宣讲团成员前往东安、兴义、贵港等站区车间班组开展宣讲 33 场，覆盖玉林车务段、柳州工务段、桂林车务段等 52 个单位。组织广西沿海铁路公司、南宁机务段、南宁车辆段总结安全文化建设成果，向中国铁道企业协会申报 2024 年度企业文化优秀成果。

营造浓厚安全氛围

（南宁局集团公司　封荣权　张春柳　吴祖伍　文玉杰　黄东亮）

科技为电务设备安全赋能

中国铁路昆明局集团有限公司

昆明局集团公司昆明电务段认真落实“安全生产月”活动要求，深入贯彻落实习近平总书记关于安全生产的重要论述和对铁路安全工作的重要指示批示精神，坚持统筹发展和安全，坚持“标准保质量、质量保安全、设备保运输”安全理念，深化“三防”体系建设，积极探索现代化、数字化安全管理方式，多维发力，用革新激发安全活力，用创新激活安全动能，不断推动设备检修、维护智能化，用科技提升安全管理能力和水平。

一、科技赋能，提高安全检修效率

昆明电务段检修车间转辙机工区主要负责昆明局集团公司管内在用的4400余台ZD系列转辙机轮修及新建线路转辙机的入所检测工作。长期以来，检修人员只能采取人工入库和地堆存储的方式，将质量约为160千克的转辙机搬运入库，这个过程至少需要4个人配合完成，存在劳动时间长、劳动强度大、安全风险高、仓储空间利用率低等问题。

为彻底解决转辙机入库存储这一难题，昆明电务段主动思考，创新实践，从安全制度管理规范和设备设施检修等方面入手，在智能化、自动化上寻找突破口，打造“智能化立体仓储”新模式，实现人工向智能转变。新建成的“智能化立体仓库”外观呈现蜂巢状，转辙机容纳量从原来的300台提升至现在的650台，有效提升了仓储空间。操作时职工只需要通过计算机下发任务指令，就可自动调用智能穿梭小车，同时仓库管理系统与物资系统的数据互联互通，即时完成出入库相关数据信息的自动更新。从以前的转辙机出入库需4~6人花两天左右时间，到现在仅需一个人在计算机旁操作，30分钟左右就自动完成一台转辙机的入库、存储、出库、盘点全过程，“智能化立体仓储”新模式不仅提高了安全检修的效率，也为作业人员的人身安全提供了保障。

二、智能管理，提升安全管控效果

继电器是铁路信号设备的核心部件，控制着电信

调用智能穿梭小车搬运转辙机

智能化立体仓储工作场景

号的流通、闭合，被称为“列车之眼”的神经中枢。检修一台继电器需要经过拆卸、清洗、组装、调试、检测、验收、出库等50多个工序，用时少则两小时，多则四个多小时，既考眼力、又考耐心，一旦稍有不慎，一个接点的错检漏检就可能让几小时的辛劳付之一炬，甚至引起严重的安全事故。

昆明电务段强化质量安全管控，器材质量把关，积极探索继电器检修智能化、精益化流程，从检测到分解、组装，再到测试和微调等多方面，探索形成器材全生命周期管理系统，实现器材安全管理智能化。昆明电务段继电器工区每一个工位上都配备着与器材全生命周期管理系统相连接的计算机，通过系统查询，检修人员可以最快的速度从中了解待检继电器的状态、存在问题、检修方法，为职工及时提供业务指导。在继电器检修时，考虑到检修工具种类繁多，昆明电务段还通过智能编号追踪，实现作业台面定制化、规范化管理，让工具取用放置一目了然。在智能化工装设备管理加持下，继电器的检修效率和准确度不仅得到了显著提升，检修过程安全管控成效也得到大幅提升，实现了器材出所合格率100%。

运用全生命周期管理系统检修继电器

三、精准发力，提速安全换装效能

LKJ基础数据作为机车监控设备中记录的运行组织数据，是列车安全运行的“导航信息”。近年来，随着新线不断开通运营，昆明局集团公司管内机车数量逐渐增多，运行范围逐步扩大，导致车载LKJ数据换装环境复杂多变，数据换装的准确性、时效性、安全性等方面难度增加，给数据安全换装带来巨大挑战。

LKJ 无线数据换装作业现场

作业人员开展无线数据换装

昆明电务段打破数据换装制约瓶颈，围绕人工数据换装安全隐患多、管控难度大、换装效率低等问题，于2018年开始尝试无线数据换装，安装轨道车无线数据换装装置9台。同年，安装LKJ-15型设备的15台机车均采用无线换装，开始从“人工数据换装”向“无线数据换装”转变。与人工数据换装作业相比，无线数据换装作业的换装时间范围固定，数据换装过程容易控制，从而大大减少人工数据换装工作中人力、物力的消耗。数据换装周期由原先的10~15天压缩至3~5天，外出定点参与数据换装的人员也减少了一半，作业的准确性和安全性得到大幅提升。经过测试和试用，如今无线数据换装作业在昆明电务段已实现全面推广使用。

铸科技创新之盾，强安全生产之基。昆明电务段将持续统筹好高质量发展和高水平安全，以现代化、自动化、智慧化的安全管理模式，推动安全生产持续稳定，为高质量发展增添动能。

（昆明电务段　柴　璐　李雪鹏）

四个助力　创新工作实践

中国铁路西安局集团有限公司

2024 年 6 月是第 23 个全国安全生产月，主题是“人人讲安全、个个会应急——畅通生命通道”。6 月以来，西安局集团公司建设系统紧扣活动主题，广泛宣传发动、精心组织策划、认真贯彻实施，结合局管内西延、延榆、西康、康渝、西十等 5 条高铁建设和甘钟电气化改造、西安东站及联络线工程安全实际，大胆探索创新“安全生产月”活动方式方法，有效提升全员安全责任意识、现场安全管控水平、推动构建安全保障体系。

一、结合业务特点创新宣贯学习方式方法

1. 从经典理论中学习。分层、分级组织专题学习习近平总书记关于安全生产的重要论述和对铁路工作的重要指示批示精神、《深入学习贯彻习近平关于应急管理的重要论述》，全面领会精髓要义、深刻内含，充分认识到确保安全生产的重大意义，从根本上厘清安全与效益的关系，把理论学习成果转化为谋划推动建设工作的创新思路、务实举措、有效方法。

2. 从既往经验中学习。集团公司建设部、工程质量监督站以“安全大于天”为根本出发点，全面查找分析项目中易导致从业人员群死群伤的安全关键、薄弱环节，合理解决建设施工“黄金期”安全、质量、进度之间的关系，从思想和行动上推动铸牢安全发展理念。

应急演练启动仪式

质监站认真梳理集团公司成立以来建设安全事故案例和近五年建设施工安全典型问题，供建设系统学习使用。组织各参建单位围绕“人人讲安全”，以特种作业、高温汛期、逃生通道、邻近营业线施工安全等为重点，深入开展“安全大家谈、安全大家讲”活动，动员人人讲述一个身边有关安全的故事，让全体员工深刻认识到安全工作的重要性，让一丝不苟、规范履责、共保安全的氛围在施工一线蔚然成风。

3. 从惨痛教训中学习。各参建单位以项目为单位逐处建设安全警示教育室（区）、搭设安全展板，常态化纳入全员班前必学必看，做到警钟长鸣。

项目建设工地组织全体施工人员观看“安全生产月”主题宣传片、《安全生产责任在肩》、典型案例解析片和“全民安全公开课”、选看集团公司制作的 620 个事故案例警示教育片，做到安全警示教育常态化。

质监站结合月度监督检查重点，分头对局管内 5 条

应急演练指挥部现场

应急救援准备出发

在建高铁建设工地开展安全专题学习宣贯，采取“以案说法”等方式，与施工人员面对面宣讲隧道逃生应急通道、瓦斯气体检测、岩爆应急处理、隧道火灾坍塌应急救援等安全原则和具体措施，督促闭环整改突出安全问题，把隐患消灭在萌芽状态。

二、结合现场实践创新监督检查方式方法

1. 领导带队查隐患。质监站领导带队，对工程项目开展互查互检。“换双眼睛看管理”“换种手段查问题”，重点针对桥隧隐蔽工程的检验批验收、特种作业人员、民工驻地、材料物资库、火工品库、油气管线易燃易爆场所全覆盖、全流程管控排查发现高铁建设质量隐患 6 件，把“安全生产月”活动与现场实际情况紧密结合起来，在现场得到实践和检验。陕西国铁咨询公司领导带队，围绕施工安全管理、方案落实等八方面，“四不两直”式组织对陕北、安康、西安、宝鸡片区的铁路工程进行平推检查，促进施工安全上台阶、有效果。

2. 聚焦汛期严防洪。质监站每日收集所有高铁项目工点进度，以及汛情、雨情等信息，转发全员随时掌握。督促全员结合日常工作全面检查地质滑坡、湿陷性黄土、岩溶地裂缝变形、控制性危大工程等重点区段的防洪措施落实，以及防洪防汛值班应急作用发挥，和高铁建设排水系统、临时设施、防汛物资储备、防洪防汛应急处置演练、汛期协作联防、灾害预报和应急响应机制落实等情况，累计发现汛期履职、汛期物资储备、与地方水文气象及应急部门协调联动等方面问题 9 件，全部紧盯确保闭环处理到位；督促全员直奔工程质量管控关键环节，对隧道防排水板、钢筋网片、钢架结构、支护锚管等隐蔽工程进行现场破检、随机抽查、影像资料追溯，对工艺流程检验批准制度执行和首件工程质量验收制度进行监督，累计发现工艺质量问题 8 件并及时进行纠正和教育。

3. 紧盯风险强管控。系统梳理管内高风险工点施工进度，厘清现阶段施工中潜在的各类风险点，开展针对性监督检查。一是针对高风险工点，对管内正在施工的高风险隧道等重点工程现场，以及起重吊装、挂篮走行及安拆、模板预压等关键环节的施工安全管控情况进行监督检查。重点检查隧道工程中隧道围岩监控量测执行情况、超前地质预报执行情况及预报结论落实情况，各工序组织情况及安全措施落实情况等。二是针对高风险作业内容，对隧道贯通方案及安全措施进行专项检查。三是针对隧道施工逃生管道进行专项检查，重点检查逃生管道的长度是否达标、管道内生活设施备品数量是否充足、管道到掌子面的距离是否可控、作业人员应急逃生演练是否真实有效等情况。

4. 专项整治促落实。建设部重点关注汛期防洪防汛安全管理情况，针对生产条件确认、防洪培训、人员持证上岗、汛期应急预案和防洪备品情况进行监督检查。一是开展汛期施工安全专项检查。重点对管内防洪措施落实、人员驻地、汛期应急值班、汛情雨情监控处置、防排水设施作用发挥开展针对性监督检查。二是聚焦特种设备安全检查。对施工塔吊使用管理情况及安全状况进行检查。三是开展营业线施工安全专项检查。重点对甘钟线电气化改造工程施工安全情况进行检查。

5. 注重现场严管理。根据现场施工工序情况，同步检查相关管理制度、施工方案完善情况，督促施工单位落实安全生产责任，确保施工现场安全可控。把“安全生产月”活动与防洪、消防、施工、防暑等阶段性安全重点工作、年度安全重点任务相结合，因地制宜开展丰富多彩的宣教活动，紧紧围绕“八个创一流”目标任务，推动构建现代化安全保障体系，促进安全生产水平提升，切实保障铁路运输安全稳定，起到了良好效果。

6. 会商通报抓质量。对于安全生产月期间监督检查发现的惯性问题，采取在月度质量会商例会上通报的新做法，统一会商研究分析问题症结，查找问题原因，制定整改措施。对于三次以上的一般不良问题和较大、重大不良问题约谈项目负责人；对于屡教不改或造成重大工程质量问题发生的单位，则采取严厉考核、撤销项目管理机构主要负责人的建议，同时采取纳入“黑名单”、信用评价考核等措施，强制执行“红线管理”底线制度。

7. 强化验收控源头。更加重视隐蔽工程的施工过程考核，引导参建单位适时参观既有运营铁路线路工程质量问题的整治现场，以现场会的形式，促使参建单位认识到工程质量问题给后期运营带来的困扰和复杂的整治过程，以此引导参建单位切实重视隐蔽工程的施作，把质量问题消灭在源头。通过这种形式，促使参建单位重视隐蔽工程的施工质量安全。

三、结合生产经验创新风险管控方式方法

1. 创新运用风险管控新思路。质监站领导带队深入包保检查调研高风险工程施工质量，压紧压实源头治理。在西康高铁监督检查中，突出高风险安全管控，特别是针对Ⅰ级高风险东大巴山隧道、站前工程1–4标段瓦斯隧道、余家梁隧道围岩大变形、安康汉江大桥地质侵蚀陡峻等较大工程风险，抽调业务骨干进行交叉检查，通过“换双眼睛查隐患”，从不同专业、不同视角、不同站位发现突出隐患4件，切实把风险和危害阻断在隐患暴发前。

2. 扎实开展隐患排查整治。各参建单位结合“安全生产月”活动要求，深入开展专题研讨会48场次，直面隧道、桥梁建设施工重大安全风险隐患和突发事件应急救援存在的问题和不足，累计整治突出安全问题35件、优化应急预案8项次。

结合“安全生产月”活动扎实开展安全隐患排查整治，对西安东站站房深基坑、邻近营业线施工、高大模板等3个安全重大风险项点分级制定检查指标，明确建设部主要负责人每月现场检查1次。同时严格开展汛期人员培训、机械核查、技术交底等重点工作，对照检查重点，对桥梁桩基、脚手架、挂篮、营业线施工等重点工点记名式开展施工条件核查确认，并加强督导检查。

第三工程指挥部对施工建设项目进行调查研究，结合当前季节和施工特点，提升质量安全管控水平。陕西国铁咨询公司将监理人员的履职尽责和业务提升作为一项重要指标，由总监亲自抓安全生产教育和现场安全责任考核，取得较好成效。

西成客专陕西公司研究分析陕西5条高铁建设“黄金机遇期”与安全生产有序可控、应急式管理与系统性管理、施工企业承揽业务增多与安全管理薄弱、管理制度建设与作业层落实、责任追究与正向激励等五方面关系，结合项目实际制定工作目标和针对性措施，认真安排部署安全生产月期间各项工作。同时，根据现场情况实行领导干部分区域、分工点包保，督促施工单位切实落实安全生产主体责任，严控重点部位和关键环节安全风险，提升隐患排查整治质效，确保各项制度和措施落实到位。

微型盾构救援演练

模拟隧道坍塌现场

四、结合实际需求创新宣传演练方式方法

1. 聚焦活动主题多角度开展路内外宣传。积极培育践行安全文化。组织全体干部职工参加“畅通生命通道”系列疏散逃生演练、“避险逃生训练营”短视频新媒体展播、“危急时刻之生命英雄”应急科普趣学、网络知识答题等活动。各参建单位注重总结安全管理工作、“安全生产月”活动等经验做法，由主要负责人亲自抓活动部署和实施，确保“安全生产月”活动层层有人抓、事事有人管，形成干部职工共保安全生产的强大合力。

针对性开展“五进”安全宣传。结合近年铁路沿线环境安全情况，分析梳理机动车肇事、闲杂人员入网、牲畜上道、线路摆障、烧荒、轻飘物等隐患易发多发的重点区域，精准开展宣传教育警示，联合驻地公检法机关、安委办等部门，统筹利用各方宣传资源，深入铁路沿线开展安全宣传26场次。

2. 突出活动主题多方式组织应急演练。各参建单位积极联合地方消防救援机构、路内外单位等，组织开展施工场所模拟火灾和地震等场景的应急疏散演练、线上避险逃生公开课、避险逃生知识竞答等活动，通过实战验证并动态优化应急预案、宣传应急疏散知识与技能，熟练掌握使用避险设备设施，保障非正常情况下旅客生命财产安全。

组织建设单位主要负责人全程参加集团公司在西安动车段组织开展的二季度西成高铁长大隧道动车组列车火灾旅客疏散模拟演练，为所有参与人员上了一堂活生生的“安全生产月”活动课，使核心领导层深刻认识到“个个会应急”对降低事故损失，确保人民生命财产安全的重要性，为推动建设系统应急管理规范化、标准化提供了基本遵循。

质监站督促指导各建设单位结合项目实际，扎实开展“一处一案”编制及培训工作，分层分级组织开展全员应急演练。中铁隧道局等参建单位先后组织开展隧道坍塌、透水、冒顶、煤与瓦斯突出应急演练，中铁大桥局先后组织开展架桥机倾倒、梁体坠落、脚手架模板垮塌等应急疏散救援应急演练11场次，让在场全体施工人员切实掌握应急处突的知识和基本技能。

6月16日“安全宣传咨询日”，延榆高铁7标项目部在安家山隧道出口组织开展了隧道坍塌下的多单位、多装备协同应急救援演练。场景设定为受到强降雨极端天气影响，隧道仰拱区域出现初支渗水，造成关门坍塌事故，项目模拟实施小导洞救援为主，多功能钻机、微型救援盾构、组合液压破拆、音视频生命探测、救援无人机等救援装备协同配合展开救援。绥德县应急管理局、交通局、政府办及延榆指挥部和设计、监理、施工等单位共计90余人参加隧道塌方演练救援活动。

三秦大地的铁路工程建设催人奋进。西安局集团公司的建设者正满怀激情、不断创造新辉煌，在喜迎新中国成立75周年的喜庆日子里，西铁建设人奋发图强，只争朝夕，以质量安全卡控闭环管理机制为前提，加大对现场施工质量安全隐患检查和整改力度，抓工程建设的动态监控和信用评价，力求全环节实现闭环管理，确保各类质量安全隐患排查整改落实到位。通过抓细节控制，全面提高施工质量；以文明施工为先导，强化施工现场干净、整洁，确保文明有序、“五牌一图”，各类标识标语齐全、醒目，施工现场应急物资、消防物资配备齐全，打造靓丽的铁路工程建设环境。

（西安局集团公司　李智勇　吕少波　黄先跃）

深入学习　多措并举
让铁路重大事故隐患排查整治行动走深走实

中国铁路兰州局集团有限公司

兰州局集团公司兰州车辆段认真学习贯彻习近平总书记关于安全生产的重要论述和对铁路工作的重要指示批示精神，按照集团公司“安全生产月”活动部署，牢固树立总体国家安全观，强化大安全意识，弘扬“生命至上、安全第一”，不断夯实安全根基，积极探索开展铁路重大事故隐患排查治理工作落实方式方法，合力共为形成全员参与重大事故隐患排查整治的良好局面，强力推动由防止事故向超前防控风险隐患转变，努力提升本质安全水平，确保高铁和旅客列车安全万无一失。

一、多维度学习贯通，凝聚重大事故隐患排查治理思想共识

将铁路交通重大事故隐患判定标准融入安全管理培训班、党委中心组集中学习、主题宣讲等工作中，累计组织学习 5 场次，覆盖各级管理人员 120 余人次，通过深入研读重大事故隐患判定标准的重要意义、上级工作要求，着力提升安全管理人员对重大事故隐患排查治理工作重要性的认识，为务实开展重大事故隐患排查整治工作提供有力保障。

组织安全管理培训班

开展主题宣讲

将铁路交通重大事故隐患判定标准嵌入干部职工日常业务学习，有机结合专项培训、“每周一学”，采取发放“口袋书”、张贴揭挂海报等灵活多变的方式，常态化持续深入学习，共计培训 3156 人次，累计培训 4238 学时，迅速提升干部职工对重大事故隐患排查的思想认知，促进全员深入领会重大事故隐患排查治理理念，不断突出、持续奠定重大事故隐患判定标准在安全生产中的重要地位，强力推动干部职工的思想由防止事故向超前防控风险隐患新模式转变。

二、全方位制定清单，多措并举开展重大事故隐患排查

对照集团公司梳理的涉及铁路的 6 项重大事故隐患判定标准，围绕设备设施、运输生产、铁路沿线安

全环境、安全管理、防灾和应急、铁路建设工程、消防安全等 7 方面，区分领导班子、科室、车间（所）三个层级，梳理工作任务清单，逐一明确部门责任、和完成时限，全方位、全链条制定排查重点 79 项。

各科室、车间（所）对照《兰州车辆段重大事故隐患排查整治工作任务清单》，结合工作实际，分层细化重大安全隐患排查治理任务清单，明确责任人，压实排查责任，做到全员参与、全覆盖排查行车设备、作业关键环节，确保隐患排查整治无盲区。

每日收集全路发生的典型问题、现场发现的典型故障，分析研判风险隐患，积极开展专项排查整治，将问题消灭在隐患形成之前。2024 年以来，全段组织开展动力集中式动车组刮雨器质量整修、漏雨处所、塞拉门拖链断裂及站台间隙排查整治，普速客车制动及总风软管、翻板凳、折角塞门专项排查整治，以及电梯安全隐患专项排查整治、预防高处坠落事故整治、电动自行车消防安全隐患排查整治、燃气安全隐患专项排查整治、道路交通安全专项整治等各类安全隐患专项排查整治 10 余次，集中消除一批影响动客车运行安全、劳动人身安全、消防安全的问题隐患，确保了全段安全持续稳定。

搭建“安全隐患大家找”平台，在待检室、现场醒目位置张贴“安全隐患大家找”二维码，鼓励干部职工通过二维码即时反馈现场存在的安全隐患，发现质量较高安全隐患的按照《兰州车辆段发现安全隐患和防止事故奖励办法》兑现奖励，固化形成长效机制，不断提高安全隐患排查的时效性和参与度。

三、深层次督导检查，开展重大事故隐患动态清零行动

围绕重大事故隐患排查整治重点，采取领导干部包保车间（科室）、专业技术干部包保岗位等方式，督促各部门全覆盖、记名记责式开展重大事故隐患排查，切实把影响安全生产的问题隐患找到找准，把问题根源挖深挖透，明确努力方向和改进措施。

开展“安全隐患大家找”活动

段领导班子、科室、车间（所）主要负责人每月组织对重大事故隐患排查治理落实情况进行动态检查和过程监督，在日信息分析会、周安全生产交班会、月度安全分析例会、季度安委会上，对检查情况进行通报，对隐患排查走形式、整治不及时的责任部门进行批评，因重大事故隐患排查不力或整改不到位导致发生事故的，依法依规严肃追究责任，持续督促各部门高质量推动各项工作落实。

各科室、车间（所）每月梳理重大事故隐患整治工作落实情况，定期向段安委会报告，段安委会办公室将重大事故隐患纳入季度安委会挂牌督办，通报整治进展情况，定期向集团公司安委会、段职代会报告重大事故隐患整治工作落实情况，及时协调解决治理工作中存在的问题，督促按期整改，确保重大事故隐患动态清零。

（兰州车辆段　张鹏飞　王海义）

智能化革新引领铁路安全生产新篇章

中国铁路济南局集团有限公司

在全国范围内铁路安全生产日益受到重视的今天，济南局集团公司济南西车辆段通过采纳前沿的自动化和无人化技术，不断推动铁路货车轮轴检修工作的现代化进程。这一创新实践不仅优化了工作流程，提高了效率和安全性，同时也在铁路安全生产领域树立了新的标杆。

一、智能改造：效率与安全并进

济南西车辆段轮轴车间通过全面自动化改造，引入了智能化设备和管理系统，极大提升了生产效率和产品质量。改造后的生产线包括了车轮和车轴的自动加工、自动测量及轮对的自动组装，所有生产步骤均实现了无人化操作。这种改造利用了高精度的机械手臂、先进的视觉识别系统及实时数据处理技术，从而杜绝了人为错误，缩短了生产周期，同时也大幅提升了检修的精确度和可靠性。引入的自动化技术不仅仅是生产力的革新，更是安全生产的强有力保障。通过智能化设备的实时监控与故障预警系统，能够在出现任何潜在问题之前进行预防和干预，确保了生产过程中的安全无误。此外，自动化设备减少了工人与高风险操作环境的直接接触，有效避免了工伤事故的发生，提升了整体的工作环境安全。

二、人才培养：技术与素质共升

随着济南西车辆段轮轴车间技术的全面自动化改造，职工的培训和教育也进入了一个全新的阶段。为

轮轴四级修车轴智能加工生产线

轮轴四级修车轮智能加工生产线

了确保技术革新与人员素质同步提升，该段实施了一系列的专业培训计划，提高了职工对新技术的理解和操作能力。通过定期的技能培训和持续教育，职工不仅掌握了智能化设备的操作技巧，也加深了对自动化生产流程的理解，从而有效地配合高技术的生产线运作。充分利用创新工作室激发职工创新潜力与作用发挥，这不仅提供职工展示和实践创意的平台，还通过定期鼓励技改革新和项目评选，激励职工积极参与技术改进和工艺优化创新。此外，济南西车辆段还强调安全文化的培养，特别是在自动化环境下对安全意识的重视。通过对紧急情况的模拟演练、安全操作规程的训练及事故预防策略的学习，职工的安全操作技能得到了显著提升。

三、现代管理：精细与高效齐驱

济南西车辆段在推进自动化与无人化技术的同时，也对管理模式进行了现代化改革，确立了行业内的管理标杆。通过引入智能化管理系统，车辆段能够实时监控生产流程，自动化地收集和分析数据，从而实现更高效的资源分配和流程优化。这种现代化的管理系统不仅提升了操作效率，也加强了对生产过程中潜在问题的预测与干预能力。为了进一步提升管理效率，济南西车辆段采用了先进的项目管理工具和技术，如 ERP 系统和 LEAN 管理方法。ERP 系统通过集成多个业务流程，使得生产计划、材料、库存管理等各环节能够协同运作，提高了整体管理的透明度和效率。而 LEAN 管理方法则注重减少浪费、提升流程效率，通过持续改进的方式，不断优化生产流程，确保资源的最佳利用。这些工具帮助管理人员更好地跟踪项目进度，优化库存管理，减少浪费，确保生产与需求之间的平衡。

济南局集团公司济南西车辆段的自动化无人化技术在轮轴车间的应用，不仅展示了智能化技术如何提升生产效率和安全性，也展示了科技在现代铁路运输安全生产中的关键作用。新技术的应用不仅为济南西车辆段带来了生产效率和安全生产的双重提升，也为全国铁路安全生产提供了可借鉴的成功案例。“工装保工艺，工艺保安全”在济南西车辆段不仅是一个口号，更是所有生产流程和操作的核心理念。通过使用定制的工装设备，每一步操作都能精确执行，保障了工艺流程的每一个细节都符合安全生产的严格标准。这种精细化管理在确保检修质量的同时，也极大地降低了生产过程中的安全风险。通过这些高标准、高要求的生产流程，济南西车辆段确保了铁路货车的安全性，为铁路运输的安全提供了坚实的保障。

监控室职工智能化方案对策探讨

（济南西车辆段　高延鹏）

深化检企协同联动
共创草原铁路安全环境新篇章

中国铁路呼和浩特局集团有限公司

近年来，铁路交通愈加重视高质量发展，铁路沿线环境安全隐患的危害性及其治理的迫切性日益受到社会关注。呼和浩特局集团公司全面贯彻落实习近平总书记对铁路安全工作的重要指示批示精神，结合国铁集团、最高检关于加大检察公益诉讼办案力度，强化铁路沿线环境安全法治保障的工作要求，携手铁检机关依托安全检察公益诉讼，合力共为、齐力攻坚，深化铁路沿线安全环境综治工作，防范化解影响铁路运输的突出安全风险隐患，切实保障铁路运输安全和人民群众生命财产安全。

检企联动专项行动，是呼和浩特局集团公司铁路沿线安全环境综治方面首次联合铁检机关推动地方政府切实解决危害铁路公共安全的联合专项行动，是针对沿线安全环境治理探索的全新模式。为破解危害铁路运输安全重难点问题，集团公司充分利用检察机关“四大检察”职能，在沿线安全环境治理的具体实践中，以问题为导向，通过征询铁路监察部门专业意见，面对面听取政府、企业、居民的声音，问需于民、问计于企，探索构建治理铁路沿线环境安全隐患治理“预防、办案、监督”全链条检察服务模式，更好地优化检察机关服务供给，用法治手段筑牢草原铁路高质量发展安全屏障。

一、检企联合行动，为破解危害铁路运输公共安全提供治理经验

为确保行动取得实效，呼和浩特局集团公司在实践中不断探索“双段长 + 检察长 + 安全监察”协作配合机制，充分发挥检、政、企三方作用，采取“去政府、下站段、进社区”的全新工作模式，多次深入铁路沿线隐患现场踏查。行动期间，针对包头市东河区、青山区、昆都仑区软硬轻飘物，以及树木倒伏影响包环铁路运输安全问题，集团公司配合铁检机关会同相关区政府领导、社区居民共同现场调研，优化解决方案，力求既解决隐患问题维护铁路运输安全，又维护当事人的合法权益，受到当地企业及居民的一致好评。

检企联动检查现场

二、举办公益诉讼交流座谈会，为铁路部门主动维权提供法律支持

公益诉讼是推动解决铁路沿线重大安全隐患和周边环境治理难题的抓手。如何用好公益诉讼、如何用对公益诉讼渠道，一直以来都是基层站段“双段长”普遍存在的业务短板。此次专项行动中，集团公司邀请呼铁检察分院检察官在包头地区首次开展公益诉讼交流座谈会，解答干部、职工，以及“双段长”在日

检企公益诉讼交流座谈会

常沿线环境综治工作中遇到的重难点问题和困惑，特别是对影响铁路运输安全的危树砍伐申报流程、民事事件妥善处置等问题进行面对面答疑，引导帮助企业依法合规进行治理。

三、构建检企工作群，为涉铁外部环境疑难问题提供专业指导

在沿线环境综治中时常遇到这样的问题：铁路干部职工能够发现危及铁路运输安全的线索，但往往陷于多方协调无果的困境，难以进一步推动治理。为便于一线职工遇到实际疑难问题时能够快速移交至铁检机关加强督办，呼和浩特局集团公司结合当前实际，及时同铁检机关工作人员建立检企工作微信群，对危及行车安全的沿线环境隐患进行“极危、危险、易发生”三个等级划分，由不同检察人员包保各分级状况，铁路干部、职工及“双段长”不仅可以及时将发生在身边的影响铁路运输安全环境突出隐患问题的线索按分级在线反映，同时还能对涉及铁路安全的疑难问题相互提供专业指导，不断强化检企双方领域知识互补，强化检企高水平联动，推动涉铁隐患问题快速得到治理。

四、深化安全主题活动，为铸牢人员安全思想意识“搭柴拢火”

联同检察部门共同开展好沿线环境治理相关活动，探索安全主题教育新模式。聚焦安全生产月“畅通生命通道”主要内容，围绕四方面的沿线环境突发险情开展线上专项演练，由“双段长”线上发布预警信息，检察机关第一时间作出对应响应。协同铁路检察机关开展铁路沿线环境整治知识宣传教育，深入一线站段及铁路周边社区，讲好维护铁路沿线安全环境的重要意义、讲明涉铁公益诉讼具体流程，同时排查整治涉铁安全环境突出隐患，鼓励“双段长”及相关负责人主动防范风险，及时消除隐患。

呼和浩特局集团公司安监室将持续深化“检企共建、检企联动”专项活动，撑好法制保护伞，尽最大努力防范和化解影响铁路运输公共安全的沿线环境突出风险和隐患，切实维护好人民生命财产安全，切实推动草原铁路高质量安全发展。

（呼和浩特局集团公司　张　永）

严管厚爱　厚植安全文化新维度

中国铁路武汉局集团有限公司

2024年，是中华人民共和国成立75周年；是全面贯彻落实党的二十大精神、实施“十四五”规划的关键一年；是率先实现铁路现代化、深入实施“三大发展战略”、纵深推进“八大工程”的奋进之年。“精铸铁魂，砥砺先行”。铁肩担当，笃行实干的南机人，在集团公司的坚强领导下，深入贯彻落实习近平总书记关于安全生产的重要论述和对铁路安全工作的重要指示批示精神，严格落实国铁集团、集团公司工作会议精神，牢固树立总体国家安全观，强化大安全意识，坚持人民至上、生命至上，坚持守正创新、数字赋能，以深化“三大发展战略”“八大工程”为主线，以确保高铁和旅客列车安全万无一失为核心，统筹高质量发展和高水平安全，扎实推进本质安全建设，冬斗冰雪，夏战酷暑，以实际行动擎起安全一片天。截至6月21日，武昌南机务段已实现安全生产4599天，创历史最好安全成绩！

一、管理更严格，现场作业更安全

在争创“大安全、大畅通”的道路上，武昌南机务段始终坚持安全生产标准化水平不断提升，统筹高质量发展和高水平安全，强化精益管理、严管厚爱，让现场安全管理有新意更有创意。

1. 找准思想教育“切入点”，系紧职业生涯“第一粒扣子”。上好入路启蒙思想政治第一课和安全生产第一课是武昌南机务段常抓不懈的一项重点工作。为助力新入路青年加快角色转变，更快更好熟悉规章制度，强化安全意识，段党委精心准备内容丰富、形式多样的精品课程，通过一把手专题授课、铁路人讲铁路故事、优秀成长历程分享、观看宣传教育片等，引导和号召青年职工立足岗位，坚定不移听党话、跟党走，勇担使命，做理想信念的坚定者、敢闯敢拼的创新者，敢于斗争的先行者，更好地肩负起新时代赋予的职责与使命，勇当服务和支撑中国式现代化的“火车头”。

上好新职入岗安全第一课

2. 抓牢安全管理“关键点”，提升安全管理新境界。近年来，武昌南机务段始终把安全生产摆在重中之重的关键位置，坚持系统观念、源头治理、超前防范，以“时时放心不下的”责任感，全力稳控现实安全，扎实推进本质安全建设，牢牢把控安全局面。坚持重抓“安全导向”“专业管理”“关键管控”“基础建设”“责任压实”。

2024年初，在科学研判安全生产形势的基础上，武昌南机务段对照国铁集团党组1号文件精神，结合工作实际，充分研讨，分53方面213个项点，从做实第一议题、压实主体责任，到强化安全依法治理、加强职工队伍建设，形成全面系统的安全生产年度总体规划段1号文件，同步下发责任清单。

3. 补强安全管理“薄弱点”，织密安全管理防护网。坚持高铁和旅客列车安全政治红线和职业底线、抓好调车安全风险管控、自然灾害风险管控、施工安全风险管控、抓牢现场安全盯控、劳动安全和健康

“并肩奋斗 15 年　我与高铁共成长”主题宣传活动

管理、特种设备和网络安全、消防安全和治安反恐、安全关键专项整治。引领高铁司机自觉把人生理想、家庭幸福融入国家富强的伟业中，把个人梦想与中国梦紧密联系起来。

坚持高铁和旅客列车安全信息日追踪分析、月专题分析，紧抓不放，从严管理，对旅客列车安全典型问题、事故故障的追责考核高一档、严一格，逐级压实安全责任。

坚持蓝灭灯、检字牌假设等传统检查办法，督导各运用车间制订旬覆盖、月检查计划，每周督导兑现落实。动态完善防洪安全及暴风雨雪等恶劣天气风险防范措施，严格落实主动避险和汛期行车安全措施，及时阻断行车安全风险。

定期开展重温事故案例和严违责任人教育活动，提高安全法治和安全警示教育的质量。健全并落实劳动安全生产检查考核标准，加强劳动安全关键管理，针对车辆伤害、高空坠落、触电伤害、机械伤害、中毒窒息等完善管控措施，定期开展专项检查，强化劳动安全风险管控。

二、服务更贴心，现场作业更放心

武昌南机务段始终坚持“严管厚爱、合力共为”的工作理念，真情实意服务好职工群众，解决好职工急难愁盼实际问题作为党组织联系职工群众的桥梁和纽带。

1. 重视解决人口问题，提升职工制度认同感。积极争取政策支持，加快人员补充，提高人口素质，解决出口问题。改善乘务员生产生活条件，增加一线乘务员工资收入，完善政策性补贴，提高劳动待遇，增强乘务员岗位责任感、自豪感、凝聚力。注重培养选拔使用激励乘务员人才，让品质好、业务精、爱岗敬业的乘务员有干头有想头有奔头，充分调动乘务员干好本职工作的积极性和主动性。

加强机务安全文化建设，教育激励乘务员对国家负责，对企业负责，对家庭负责，自觉落实各项工作要求，从要我执行作业标准到我要执行作业标准，让标准成为习惯，通过润物细无声的潜移默化，牢牢把握和掌控机务安全主动权。

2. 聚焦实事工程，增强职工企业归属感。2024 年，武昌南机务段在全年工作中纳入职工群众急难愁盼重点实事工程 10 项，更好地满足职工“吃、住、行、游、购、娱”等多元素需求。

推动完善民主管理制度，积极开展职工代表大会、党员代表大会，全段职代会、厂务公开建制率达 88%，覆盖 9 个车间、13 个科室，惠及 4200 余名干部职工。

将持续利用电子“连心卡”，更好发挥其拉近干群关系的作用，让职工更加便捷地通过手机扫码将诉求信息向组织反馈，打通干部职工交流阻塞，解决好服务职工最后一公里。

3. 提升典型示范带动力，增强职工集体荣誉感。持续丰富劳模精神、劳动精神、工匠精神、驭龙尖兵精兵价值阐述。高质量举办“五一”“七一”创先争优表彰活动，并编印《南机风笛》画册、举办巡回演讲比赛、创立“景涛”劳模工作室、开展高铁开行 15 年“十个一”活动。充分利用“五一”“春节”等重要时间节点，举办摄影、美术书法、微党课、篮球、羽毛球、乒乓球趣味运动会文体赛事等多种形式礼赞劳动创造，广泛搭建职工群众便于参与、乐于参与的活动平台，更好地丰富职工精神文化生活。大力弘扬先进人员感人事迹，用劳动故事、奋斗故事激励广大职工肩负历史使命、勇当新时代“火车头”。

（安全监察室　殷　召；武昌南机务段　冉飞越）

把安全生产贯穿铁路工会工作全链条全过程全要素

中华全国铁路总工会

中华全国铁路总工会坚持以习近平新时代中国特色社会主义思想为指导，深入学习贯彻习近平总书记关于安全生产的重要论述和对铁路工作的重要指示批示精神，认真落实党中央、国务院关于安全生产工作决策部署，深入推进群众安全生产和工会劳动保护工作，为推动铁路高质量发展、率先实现铁路现代化凝聚合力、保驾护航。在第 23 个全国“安全生产月”来临之际，铁路总工会根据国铁集团党组和中华全国总工会关于安全生产工作的相关要求，及时印发《中华全国铁路总工会关于开展全国“安全生产月”活动的通知》，组织铁路各级工会深入开展“安全生产月”活动。

铁路各级工会高度重视、加强统筹、迅速行动，坚持以职工为中心的工作导向，立足工会职责使命，积极组织开展好“安全生产月”各项活动，切实做好“安全生产月”活动与工会劳动保护工作相互促进、相互发展，积极引导广大职工群众牢固树立“人人讲安全，个个会应急——畅通生命通道”的理念，掀起全员参与“安全生产月”活动热潮。各级工会和广大职工群众把开展“安全生产月”活动与解决当前安全发展中的热点难点问题相结合，与推动落实各方面安全生产责任相结合，促进安全生产水平提升，凝聚职工群众保安全的强大合力，切实增强广大职工的获得感、幸福感、安全感。

一、铸牢安全生产思想基础

各级工会认真组织学习习近平总书记关于安全生产重要论述和重要指示批示精神，以《深入学习贯彻习近平关于应急管理的重要论述》为重点，通过专题研讨、集中宣讲、辅导报告等方式，全面领会习近平总书记关于安全生产重要论述的精髓要义，把理论学习成果转化为谋划推动铁路高质量发展的创新思路、务实举措、有效方法。各级工会认真配合企业开展“安全生产大家谈”“班前会”“以案普法”等活动，组织观看“安全生产月”主题宣传片、《安全生产　责任在肩》警示教育片、事故警示教育片、典型案例解析片和“全民安全公开课”等，推动树牢安全发展理念。

坚持“安全第一”理念，注重在职工思想引领中弘扬安全文化理念、突出安全生产责任落实。深入开展庆祝中华全国铁路总工会成立 100 周年系列活动，在国铁集团机关举办“永远跟党走　勇当‘火车头’”主题展览。在先进典型选树培育中，重点考察安全生产业绩。配合党组宣传部完成第六届“最美铁路人”巡回报告，完成一、二季度“新时代 · 铁路榜样”重点宣传对象的推荐工作。组织做好第十八届全国职工职业道德建设候选先进集体和先进个人的推荐工作。

二、强化工会主责主业

一是加强安全生产建章立制工作。根据国铁集团党组和全国总工会关于铁路总工会安全生产职责的有关文件，铁路总工会印发《铁路总工会机关各部门安全生产工作制度》，进一步明确铁路总工会机关各部门安全生产职责任务分工，压实安全生产责任，把安全生产工作贯穿工会工作全链条、全过程、全要素。呼和浩特局集团公司工会牵头制定了《中国铁路呼和浩特局集团有限公司职工安全管理监督实施办法》，构建党委领导、行政支持、工会主抓、全员参与的职工安全管理监督工作新格局，切实保障和发挥职工对安全管理的民主监督作用，维护职工安全生产和职业健康权益。二是指导铁路各级工会开展群众安全劳动竞赛、安全生产监督检查、隐患排查整治等活动。南宁局集团公司工会组织开展“严查安全隐患、争当优秀职工”主题安全巡查，共组织 1046 人次开展职工代表安全巡查活动，发现问题 1320 个。南昌局集团公司工会全面开展职工代表安全巡查，召开一线职工座谈会 58 场，发现并解决站段层面涉及安全、职业健康等方面问题 210 个。三是持续开展全路文体场馆消防隐患整治工作。根据国铁集团安委会和全国总工会的有关通知要求，印发《中华全国铁路总工会关于进一步加强铁路文体场馆消防安全隐患排查整治工作的通知》，组织召开关于强化全路文体场馆安全管理、消防整治的电视电话会议。落实国铁集团安委会办公室关于开展燃气安全隐患专项排查整治的通知，对全路工会系统经营场所、文博场所、多业态混合生产经营场所、“九小场所”使用燃气情况开展调查摸底，并督促落实有关排查整治的措施。四是加强工会劳动保护监督检查员队伍建设，指导基层工会开展劳动保护教育培训，到北京局工会劳动保护培训班开展教学。落实国铁集团党组 2024 年 1 号文件精神，协调国铁集团安监局，组织工会生产宣传系统干部参加全国总工会工会劳动保护培训班、全路安全综合管理监察培训班，做到 18 个铁路局集团公司工会生产宣传部从事安全管理工作人员的全覆盖培训。五是加强工会安全管理专家选树培育。联系协调国铁集团安监局、建设部和中国中车工会，向全国总工会安全生产专家库推荐 3 名铁路行业的安全生产专家。

三、推动安全理念深入人心

各级工会认真宣传贯彻《工会法》《安全生产法》等法律法规和《关于加强工会劳动保护工作的意见》《关于加强职工安全文化建设的指导意见》等文件，深入宣传贯彻安全生产治本攻坚三年行动、深化铁路安全基础建设三年行动、构建现代化铁路安全保障体系等重点工作。积极配合企业聚焦畅通生命通道，组织开展宣传和演练，配合企业开展“安全宣传咨询日”活动，突出生命通道在避险逃生和应急救援中的关键作用，强化广大职工的安全意识和避险能力，鼓励发现并反映身边特别是“九小场所”、多业态混合生产经营场所、人员密集场所堵塞“生命通道”的安全隐患，争当公共安全的吹哨人。结合深化开展“安康杯”竞赛等群众性安全生产活动，各级工会加强职工安全文化建设，持续推进安全宣传“五进”工作，动员广大职工群众开展线上学习答题，学好用好重大事故隐患判定标准，广泛组织开展疏散逃生演练。

上海局集团公司工会举办“人人讲安全、个个会应急”劳动安全知识答题闯关赛，活动首日就有 4 万余名职工参加线上答题，全面调动广大职工依法对安全生产监督的积极性和主动性。北京局集团公司工会在“京铁手机报”微信公众号开设“安康杯”知识答题专栏，围绕安全生产法律法规，组织开展“安康杯”知识答题活动，广大干部职工踊跃参与，超过 12 万职工参与，绝大多数都取得了满分成绩。兰州局集团公司工会积极向地区干部职工和周边群众宣传安全生产、应急救援、消防安全等知识，联合所在地区公安、专业设施维保部门等，围绕消防安全、人身安全、设施设备安全等重点环节，组织开展了设备隐患整治及应急演练。沈阳局集团公司工会制作安全生产

包头站“安全生产月”活动

知识推送，开展安全生产知识讲座，通过职工手机广泛传播，基层站段广泛组织安全生产知识答题竞赛活动。广州局集团公司工会面向全体职工开展“安康杯”劳动安全学标考标答题活动。成都局集团公司工会开展安全典型事故宣传教育活动900场次，制作宣传横幅113幅，专题宣传栏165处。乌鲁木齐局集团公司工会开展用典型事例“安全生产大家谈”、“以案说法”、制作警示教学片、细化隐患排查工作措施、开展消防应急演练等活动。呼和浩特局集团公司工会开展“安康杯”竞赛线上有奖答题活动。中国中铁工会深入开展“安康杯”竞赛，评选表彰100名优秀安全卫士，联合安质部开展“安全生产知识网上答题”活动，在线学习和答题43万余人次。中国铁建工会吹好安全生产警戒哨、答好安全生产竞赛题、练好安全生产真功夫、用好“安全调研”金点子，打好安全“组合拳”，筑牢生命防护线。

阿拉善盟铁路护路“安全生产月”主题宣传活动

四、强化主力军作用发挥

组织开展“建功‘十四五’奋进新征程”春运立功竞赛活动，各级工会积极动员组织广大职工群众为实现“平安春运、有序春运、温馨春运，让旅客体验更美好”的春运目标，全力以赴打好攻坚战，积极发挥职工主力军作用。围绕“一带一路”倡议，与重庆市总工会协同举办中欧班列（重庆）劳动竞赛。协同客运部、货运部等7个部门积极推进提质增能创效劳动竞赛和技术创新劳动竞赛工作。按照全国总工会部署，组织做好全国首届“红旗杯”班组长大赛的铁路赛道各项工作。协同建设部、川藏公司共同做好年度工作会表彰环节的工作。

五、强化先进典型示范

深入实施典型标杆的选树培育和示范推广建设工程，建立健全“培养、评选、表彰、服务、管理、作用发挥”六位一体的劳模管理体系和工作机制，坚持把劳模先进培养成安全生产标兵，把安全生产标兵培养成劳模先进的工作理念。组织开展2024年全国五一劳动奖和全国工人先锋号推荐申报工作，铁路行业39个常规表彰推荐对象和13个防洪单列表彰项目获全国总工会表彰。组织开展2022—2023年度全国“安康杯”竞赛活动先进集体和优秀个人推荐申报工作，指导各单位做好30个推荐对象的填报工作。积极组织推进全国铁路劳模模范和火车头奖杯奖章评选表彰工作。

六、强化安全文化建设

落实国铁集团党组和全国总工会关于加强职工安全文化建设的有关要求，融安全生产理念与职工文化建设于一体，组织开展“中国梦·铁路情·劳动美”第十届全路职工才艺大赛及集中展示活动，相继在石家庄、南昌、长沙、西宁等组织巡演，在广大职工群众中引起热烈反响；组织指导铁路文工团开展2024年度下基层慰问演出工作，为一线职工送去精神文化食粮。传承家属保安全的优良传统，协同铁道博物馆开展“我和我的铁路亲人”文化活动。连续十年协同铁路文联等部门在全路开展“送万福、进万家”书法公益活动，成为深受职工群众喜爱的职工文化品牌。

（生产宣传部　何巨民）